U0136305

金門名士呂世宜藝文研究

金門縣文化局

蘭臺出版社

呂成發 著

目錄

金門名士呂世宜藝文研究

作者／呂成發 博士

作者簡介

　　呂成發，1952年8月4日出生，自幼愛好讀書，尤其是古典文學及閩南文化探究。太太任職於交通部鐵路管理局，結婚三十餘年，育有一子一女，長子在交通部鐵路管理局工作、長女在新店慈濟醫院服務，生活安康美滿。

　　幼承庭訓，苦學自勵，投身軍旅，就讀金門第三士官學校，升讀陸軍官校專修班，名列首榜，歷任陸軍班、排、連、營長，遷調軍團，再升任陸軍總部運輸署中校參謀官，肩負保家衛國重責大任。二十餘年軍旅，先後獲頒忠勤勳章、寶星、景風、弼亮、金甌獎章等八座。表現成績優異。

　　於民國六十六年至七十年先後參加國防特考等考試及格。轉任公務人員，歷任台灣省車動會人事主任、福建省選舉委員會秘書，中央選舉委員會專員、金門縣政府社會局課長，106年8月16日於金門縣選舉委員會組長任內退休，負責公職人員選舉，推動民主憲政，落實各項公職人

員選舉，為國舉才，選賢與能，功績卓著。先後獲大小功三十餘次，二度獲得中選會模範公務人員等殊榮。

並修讀國立政治大學法制在職研究專班，銘傳大學社會科學碩士。再考取福建師範大學深造，主修文學，於二〇一四年修成，承蒙恩師之教誨、傳授，獲得文學博士學位。莫負宗親殷望與先祖恩澤。秉以祖訓，承先啟後，繼往開來。

◆ 圖：呂成發家族合照

推薦序

　　1990年代初，本人撰著《福建文學發展史》，接觸大量的福建地方文獻。金門是我的家鄉，關注自然更多，因此知道金門宋代有邱葵，明代有蔣孟育、蔡獻臣、許獬、蔡復一、盧若騰等，清代有呂世宜、蔡廷蘭（其先移居澎湖）、林樹梅等。每翻閱到一種金門先賢的文集，則喜；每發現金門作家的一篇佚文、佚詩，則喜；每讀到一篇與金門詩人酬倡的作品，則喜。1997年，我到台灣參加魏晉南北朝文學學術研討會，參觀板橋林家花園，知道呂世宜是台灣金石導師，有很高的地位，遂萌生一訪呂世宜所居金門西邨的念頭。

　　1990年代中期，兩岸交往剛剛起步不久。金門民眾從金門到廈門得從金門飛台灣，再由台灣飛香港或澳門，再從香港或澳門飛廈門，花費金錢不說，還耗費時間與精力。1990年代中期，金門雖然解嚴，但仍然未向大陸民眾開放。2001年，金門、廈門兩地破冰，開啟兩門對開之旅。開啟之初，大陸方面限於老年金胞（年六十五以上），兩批大陸老金胞過後，限制解除，我才有機會回到金門。金門有三處歷史文化古跡我是執意要去看的，一是

魯王疑冢和魯王墓，一是大明盧若騰墓，一是呂世宜的
西邨。金門學人中，我認識黃振良兄較早，第一次回金
門，便請振良兄帶我去看這三處古蹟。呂世宜故居已經修
繕一新；振良兄又領著我去尋看藏於古厝的呂世宜手書匾
額，總算了卻一樁心事。十年前，小女在汪先生指導下作
以林樹梅為題的博士論文，林樹梅與呂世宜同鄉，又同為
興泉永道周凱主辦的玉屏書院的學生，治林樹梅繞不過呂
世宜，和小女時有討論，我也借機讀了呂世宜的古文、題
跋，觀賞呂氏的書法、篆刻作品。廈門玉屏書院諸生中，
已經成舉人的只有呂世宜一位；呂世宜不僅為諸生之長，
而且學問最好，古文也作得相當洗煉精粹。呂世宜的研
究，在台金，已經有不少論文問世，其中以吳鼎仁先生《
西村呂世宜》（金門縣文化局，2004）成績最著。吳先生
本身就是書法家，對呂氏的書法情有獨鍾，每有心得。

　　金門不過是個蕞爾小島，而宋明以來文人輩出。我時
常在想，宋代陽翟為什麼出這麼多進士，明代瓊林為什麼
出這麼多的文學家、後浦能出會元，清代山外能出書法
家、古文家呂世宜？盡管台金有幾篇研究呂世宜的論文，
且有一定的分量，而大陸的研究除了篇把論文，其餘都是
介紹性質的。因此，繼續研究呂世宜，對台金學者來說，
是進一步的開拓視野和提升質量；對大陸學者來說，則具
有拓荒的意義。我個人的能力和精力有限，不能不寄希望

於我的學生。呂成發是我2009年招收的博士生，呂世宜
在遷金呂氏中為二十八世，呂成發則為三十四世，相差六
世、約170年。成發對其族祖呂世宜有著很深的情感，從小
生活在呂世宜生活過的環境，從小受到呂世宜好學勤學的
精神的激勵。我和成發討論論文選題時，選定呂世宜研究
為題，成發似乎胸有成竹。

成發選呂世宜研究為題，我也特別高興。成發在軍校
成績連年第一，長官稱讚有加。不過，成發就讀博士班之
前，古代文學和文獻學的學術積累尚有欠缺，無論學習或
者隨後的畢業論文的寫作，都碰到不少困難。我建議他先
易後難，先從呂世宜的家世生平入手，進而研究其金石、
書法，篆刻風格及理論，最後是古文、筆記之類。我很欣
賞金門子弟刻苦向學的精神，大數同學跟我讀博，年齡已
經不輕，而且大多半路轉讀文學或文獻，可能悟性沒有年
輕人那麼好，但是他們從不輕言放棄，孜孜矻矻，耐心讀
書寫作，寫一節是一節，寫一章是一章，積節成章，積章
成篇。在這個過程中，沒少挨我的訓斥。成發大概是挨我
訓斥較多的一位，他總是虛心謙遜地接受。有時怕聽不清
楚，還請我再說一遍，用筆記錄下來；如果是大段的話，
還要錄音，回去啄磨，啄磨不出來，又來電咨詢，反反複
複，一波三折。2015年上半年，成發的論文已經基本成
型，我的意思是已經可提交，成發卻很冷靜，認為還是不

夠成熟，容他再拖半年，再行修改。功夫不負有心人，下半年終於通匿名評審，並且順利完成口試（答辯），獲得文學博士學位。我還記得，主席宣佈答辯通過那一刻，成發率參與答辯的同學起立，向老師們敬禮致謝。

成發的論文優點很多。和其他金門同學一樣，田野調查是他的強項。成發對文獻的熟悉成度不一定達到十分，而田野調查則做得很好。呂世宜出生在金門，長期居住在廈門。金門下湖、東邨、西邨，自不必說，這也是成發出生、成長、長期居住的地方，熟門熟道，何處有呂世宜的匾額，何處留存呂世宜的墨寶，他都了如指掌。成發還不止一次到廈門尋訪呂世宜的蹤跡，登山尋找呂世宜的題刻。用田野調查搜集到的資料，與紙質文本資料比勘，相互印證，從而得出比較可靠的結論。文獻方面，成發的長處表現在族譜的搜集、分析和利用，他把呂世宜的家族源流弄得一清二楚。這方面的工作，在成發之前似沒有學者梳理過；在成發之後，想再進一步在這個問題上再作發明，恐怕也不容易了。其次，成發對呂世宜的金石、書法、篆刻理論作了有益的討論；從事這一部分的寫作，成發搜集了流傳至今的呂世宜幾乎所有相關作品的照片或影印件，圖文並茂，賞心悅目。

對研究論題的喜愛，往往是作好論文的第一步。成發

滿懷對故鄉金門的愛，滿懷對呂氏宗族的愛，滿懷對族先祖呂世宜的愛寫作他的博士論文。在和成發交談、討論論文的過程中，談到金門呂氏宗族，談到呂世宜，他時時流露出崇敬的情感。他不止一次對我說，如果論文有幸通過，他一定要前往宗祠祭祖，並且舉行晉博士匾的儀式。

成發的祭祖和晉匾儀式訂於2016年12月16日（歲次丙申十一月十八日）舉行，盛邀我參加。8月1日，應金門大學黃奇校長之邀，我來到金大擔任講座教授，出席山外的活動理所當然。近二十年來，每年我都有博士生畢業，我都盡可能參加他們的畢業典禮，與學生分享畢業的喜悅和快樂，心花怒放。至於晉匾，我的學生中施志勝博士是第一位，呂成發是第二位。不同的是，施博士的晉匾活動是在祖籍安溪縣舉辦，呂博士則是在家鄉金門舉辦的第一位，因此同樣有新鮮感。我一直在期待中。在金門生活半年，我帶來的西裝總共只穿過四次，兩次研討會，一次博士論文口試（答辯），還有就是成發的祭祖晉匾活動的一次。成發祭祖晉匾的這一天，金門東海岸的下湖村熱鬧非凡，親朋好友前來祝賀，錯肩接踵。成發和太太精神飽滿，乘敞篷車從下湖出發遊街，一路鞭炮，無論識者與不識者，都駐足觀看，投以讚許或欣羨的目光。祭祖晉匾活動在呂氏宗祠舉行，種種儀式過後，副縣長吳成典博士等相繼祝辭，之後，司儀也請我講幾句話。其實在整個活動

過程中，我已經感受到成發對老師的敬重，請我祝辭當然
也是其中的一個環節。我的講話強調四點，一點是呂世宜
的金石、書法、篆刻、古文，頗受時人和後人的重視，有
很高的成就和地位。成發選取呂世宜研究作為博士論文的
題目，很有眼光和見地。二，在呂氏宗祠舉辦祭典與晉匾
活動，説明成發和其他由內地遷金的呂氏子孫不忘祖宗恩
澤。三，呂世宜在金石、書法、古文的成就，被澤了金門
呂氏的後人，成發博士畢業，獲得博士學位，後繼有人，
族祖呂世宜當含笑於九泉。四，當今，包括成發在內的呂
氏子孫獲得博士學位，也將激勵下一代和後代子孫，呂氏
文脈源遠而流長，我們期待有更多的呂氏博士來宗祠祭祖
晉匾，呂氏宗族，榮莫大焉！

　　成發的論文，再經修改，即將付梓，囑我作序，由他
的論文生發發一些感想，聊弁其端。是為序。

　　　　　　　福建師範大學文學院院長　陳慶元

推薦序

　　金門雖偏居海疆一隅，惟有陳候闢土、朱子過化，文風鼎盛；閩南風情更盛於斯，稱其為「閩南文化的基因庫」，誠有其道理。而其中最為人津津樂道者，當為至今仍堪稱「奇蹟」的名士傳奇。

　　經由許多學者的研究，金門經由科舉制度產生的進士，因為認定標準的不同，而有50、49、39位的差異？然而，但無論怎麼算，將其與臺灣歷來僅有的33位進士相比，以一個幅員僅有150平方公里的海島而言，金門的進士密度絕對是高居第一，這無疑是中國科舉史上的一項文化奇蹟，也因為這項奇蹟，金門名士在歷史上益發彰顯其不凡的意義；西村呂世宜正是其中的代表人物。

　　呂世宜，字可合，晚年號不翁，清乾隆四十九年（1784），呂世宜出生於金門。嘉慶十三年（1808年）秀才、道光二年（1822）舉人，博學多聞，研究涉獵文字學、訓詁學、音韻學、書法及金石。曾執教廈門玉屏書院，又被聘為臺灣板橋林家西席，與謝琯樵、葉化成併稱「林家三先生」，名盛一時。呂世宜是清代閩台兩地著名的書法家，有「臺灣金石學宗師」美譽，著有《愛吾廬筆記》、《愛吾廬文鈔》、《古今文字通釋》，並留有大量

篆隸作品。

呂世宜之於金門，非僅止在於傳世的遺跡、著述而已，而是我們應該是如何承繼這份歷史資產，賦予其新時代的價值與意義。為此我們需要更多的有心人來整飭、梳理。

現服務於金門縣選舉委員會的呂成發組長，自軍中退役轉任公職以來，勤學不輟，並修得銘傳大學社會科學碩士，再考取福建師範大學深造，取得文學博士，其好學不倦、學而不殆的精神，堪為公職人員表率。此回成發兄以其先祖呂世宜為題，採田野調查方式，從呂世宜的家族、交遊、研究、著作以及影響等面向，全方位的解構、探究呂世宜，著令這位有清金門名士躍然紙上，讓與觀者猶能感受其生命氣息與活力，誠屬不易；這也與近年來金門縣文化局計畫性的整飭諸多史料，並鼓勵文史工作者投入鑽研、創作及出版的作法相契，更是令人讚許。

蒙成發兄送讀《金門名士　呂世宜藝文研究》書稿，得先睹金門先賢生平姿彩，內心備受激盪，更以為歷史的價值便在於經由根本性的梳理，讓我們在領略原貌的同時，既延伸了情感與記憶，更能從其中看到更為渺小與亟待奮發的自己，本書誠有此功，特為序薦。

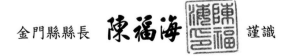

金門縣縣長　陳福海　謹識

推薦序

　　呂世宜（1784-1855），字西邨，福建金門人，他是清朝中後期閩南與臺灣地區具有代表性的書法家、金石學家和古文字學家。他一生輾轉教學於海峽兩岸的多家書院，尤其在臺灣板橋林家做西席十餘年，留下深遠影響。呂性不喜功名、自然灑脫，自稱不與世俗同的「不翁」，學術上，他嗜古成癖、專精考據，但不泥古，在金石收藏、鑑賞、考據等研究方面留下鉅作，也影響了臺灣金石學創立。

　　研究呂世宜不能不從他個人的為學治學著手，呂博士成發按照時間做有系統梳理，主要從學術啟蒙、科舉、師從、金石之交、執教書院等方面展開分析。學術啟蒙方面，王輝山、周禮是呂世宜的啟蒙師，前者對呂世宜的影響主要在為人的品格方面，後者幫助呂世宜打下了紮實的學術基礎。

　　呂世宜並不執著於科舉功名，他廿五歲中秀才、卅九歲中舉人，但後來並未出仕為官，而是一生教書，耕耘自己的學術天地，所謂：「鐘鼎山林，各有天性，不可強也！」從呂世宜身上就可獲得印證；他執教範圍在閩南與臺灣地區，先後輾轉於漳州芝山書院、金門浯江書院、廈

門紫陽書院、廈門玉屏書院，有人稱他是閩台兩地重要的文化使者，誠不過譽。

呂世宜的文字學造詣頗深，著作《愛吾廬筆記》、《古今文字通釋》等是體現其文字學精深造詣的心血精華。他的古文研究引經據典、旁徵博引，研究內容十分豐富，全面展現在經史校勘、文字考證、音韻、訓詁、點評等方面的深厚功力和成就。

坤和接掌金門縣文化局以來，秉持陳縣長福海之施政理念，鼓勵創作金門題材，邀鄉親書寫村史、舉辦金門籍進士展，到今年的軍事口述歷史，都是一脈相承，講金門故事，而補助地方文獻出版，從案例、人物入手，田野調查，以管窺貌，促進蒐集、整理、保存、推廣金門地區鄉土文化，讓世界上更多旅外華人知道金門文風鼎盛、喜歡金門、更愛上金門。

在《金門名士　呂世宜藝文研究》出刊之際，謹聊綴數語用誌，希望有「金門一千七百年來唯一的書法家」美名的—西村呂世宜的書法、金石學之成就得以宏揚光大。

金門縣政府文化局局長　呂坤和　謹識

導讀

　　呂世宜（1784-1855），字可合，號西邨，晚年又號「不翁」，福建金門人，他是清朝中後期閩南和臺灣一帶頗有實力和影響力的名士、書法家、金石學家和古文家。本書力圖運用文獻分析、圖像學等資料，以及筆者親自走訪做田野調查，透過簡單易懂的編輯方式，對呂世宜藝文成就進行全面闡述，對其生平、書法實踐、金石創作、文字學和古文研究、志書編撰等多方面的貢獻，以及在兩岸文化交流方面的影響等做詳實敘述及說明，以期讀者對呂世宜生平有客觀、清晰的評價。

　　本書主要分為八章：

　　第一章　緣起，對呂世宜生平及藝文貢獻做導讀概述。

　　第二章　發現呂世宜，說明呂世宜墓的發現原由，並在地景、坊間作品中發現呂世宜的蹤跡。

　　第三章　呂世宜的家族，詳述呂世宜父母及家族對呂的栽培及期待，奠定他對文藝的熱愛與往外發展的基礎。

　　第四章　呂世宜的交遊，對呂世宜師承和交遊情形做介紹，讓讀者看出他廣益多師對其一生成就的助益。

　　第五章　呂世宜的研究，闡述了呂世宜在金石學、文字

學、書法三者互相促進影響的關係。

第六章　呂世宜的著作，介紹《四十九石山房刻石》和《自作墓記硯》以及《愛吾廬題跋》、《四十九石山房硯背初刻》、《四十九石山房刻石拓本》、《愛吾廬論書》與《愛吾廬文鈔》等書及文章。

第七章　呂世宜的影響，閱讀後可明瞭清代寓臺文人在閩臺文化交流上的貢獻，以及後世流寓臺灣的閩南文士對臺灣教育與學術的影響。

第八章　結論，則為認同呂世宜勤奮篤學的學術修養，以及通過書法、金石學這個紐帶，對當時閩南、臺灣地區的文人，產生相當深入的啟迪作用。

最後並整理出附錄：**呂世宜生平與作品年表**，供讀者

大眾一覽明瞭呂世宜的生平事蹟。

　　呂世宜在臺灣被譽為「金石學導師」，在金門被譽為「金門一千七百年有史以來唯一的書法家」，是浯江之光。呂世宜研究雖非學術界的熱門題材，但近年已成學術顯學，臺灣地區的學術研究在廣度深度上都勝過一籌，有相當進展。呂世宜在大陸地區是做為清中後期閩臺、臺灣地區書壇代表人物，研究其書法作品與文字學，考據其活動與交遊。

　　本書除了介紹呂世宜書法風格外，並闡述其金石學著述與理論，與所處時代的臺灣書壇發展，對呂世宜的生平也有全面的研究。

本書圖稿充分匯集前人的研究成果，並有所拓展。創新處有二：一是呂世宜執教於海峽兩岸，對他和師友同儕、文人名士的交往很能體現時代特點，全書在其生平活動中，有總體的考證與研究。二是對其著作《愛吾廬文鈔》、《愛吾廬筆記》的等古文及書法、金石研究，進行分析與評價，內容廣涉，值得大眾參考。

在本書稿寫作期間，筆者充分在臺灣、金門、廈門等地進行尋訪、拍攝、田野調查，以及採訪口述歷史，直接面對呂世宜的作品，感受先賢的真跡。尤其筆者在廈門市圖書館得獲豐富的呂世宜真跡資料，相當一部分是前人研究中未曾見到，彌足珍貴。此外，又與廈門當地書法愛好者、篆刻家、文物家和地方志學者交流訪談，收集到許多呂世宜相關線索。

筆者身為金門人，同為呂氏，研究呂世宜具有先天優勢，在金門呂氏宗祠、呂氏故居、魯王碑等地尋訪真跡，並借閱宗譜，整理呂世宜在故鄉的資料。希望這些努力能夠使呂世宜的藝文研究更為完整與深入，為金門文化的了解與發展盡一份力量。

第一章　緣起

　　2006年底，廈門一名書法愛好者在廈門雲頂岩晨練，
經過大厝山旅遊景區時，無意中發現一塊墓碑上有他熟悉
的呂世宜書法，經過辨認，發現寫的居然是「大清呂西村
墓」六個大字，即為清代名士呂世宜之墓。現在，呂世宜
墓已被廈門市列入涉臺文物古跡進行保護，原呂世宜親書
墓碑也被移入博物館，以一複製品代為展示在原處，從此
呂世宜的研究與田野調查，成為兩岸學術及各方人士矚目
的焦點。

◆ 呂世宜隸書《大清呂西村墓》墓碑，拍攝於廈門大厝山。

　　呂世宜(1784年-1855年)是臺灣清代中晚期書壇與金

石學界深具影響的一位名家，當時也是兩岸文化交流的使者，有其特殊的歷史地位。特別是在將書法學與金石學引入臺灣方面，具有關鍵性的時代意義，筆者考察呂世宜的文史貢獻，發現其內容博深，足以開拓海峽兩岸文化交流的新話題、新思考，十分值得現今民間研究者及學術界人士的重視。

但略觀以往學者對呂世宜研究，大多強調他在海峽兩岸執教的人生經歷，認為具有很強的代表性，呂世宜與同時代的師友同儕、文人名士的交往，也很能體現其所處時代的特點。另一方面，也有人認為呂世宜的成就，主要在「古文」，尤其呂世宜著作中的《愛吾廬文鈔》、《愛吾廬筆記》都是其古文的心血之作，但是深入理解與分析其他方面上，仍是相當少，這是將來後進者該當努力之處。

不過最近幾年，兩岸在各項交流上越來越密切，無論在經濟上還是文化上，都常來常往，互相教學相長。其中，關於對於海峽文化的交流，不少專家學者認為，呂世宜的研究是深具意義的，因此吸引了許多學者專家利用田野調查的方法，在金門尋訪呂世宜的作品與生平事蹟，來填補這段時空的文化記憶。

首先在金門的呂氏宗祠、呂氏故居、魯王碑等地，許

多人尋訪先賢真跡，被呂世宜的作品所吸引，更在借閱宗譜，整理呂世宜在故鄉的線索中，品味到呂世宜書法的妙處而深深被吸引，希望能更進一步了解呂世宜的生平事蹟。

◆ 金門呂氏宗祠

然而呂世宜流傳於後世的作品，大多以金石和書法方面為主，由於呂世宜一生的成就，在古文、文字學的領域水平頗高，博涉多能，各體書法兼長，篆、隸、行、楷，乃至草書皆善。其中篆遵循古法，結字勻稱；隸書有兩個路線，一師法漢隸，二是採集古碑而成的自成新意的形態；行書與楷書師從二王(中國書法史上王羲之和王獻之父子倆的書法又稱「二王」書法)，而又有發展變化，十分博

才。

　　是故，幾乎可以說呂世宜是金門唯一聞名的書法家，是許多鄉賢與族人的驕傲。讀者若對呂世宜做深入研究，可以深入發掘金門文化的特色，這對金門文史的推廣來說，是值得鼓勵且十分有意義的。

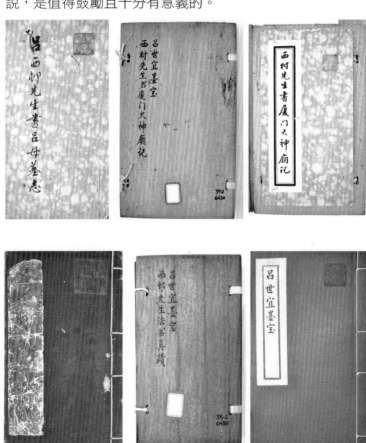

第二章　發現呂世宜

第一節　田野考察

筆者為了尋訪呂世宜，自2000年開始，曾多次在臺灣、金門、廈門等地進行尋訪、拍攝、調查，在海峽兩岸的書法墨蹟和生平活動地區，透過田野走訪的方法，親自到金門、廈門與臺灣本島與呂世宜生平與交遊有關的地點走訪、調查，與呂世宜後

人、研究者、相關的收藏家、書法家訪談，掌握呂世宜生平活動與交友的第一手資料，並與文獻資料相結合，相補充，互為印證。

這段尋訪的每一個歷程，承蒙許多好友、同好，甚至是貴人相助，更碰到有些是萍水相逢，卻一見如故，從陌生到熟悉成為好朋友。均對於呂世宜的相關資訊，都以真誠熱忱態度，知無不言、言無不盡的暢所欲談，提供本書許多重要的史料。

因為這幾年大陸大建設之故，原來走訪地方之

地形、地物、地貌有改變，且本書即將完稿之際，於是把校對好的書樣，要求出版社暫時擱置，自2017年7月25日起至27日止，利用整整2天半的時間，再行前往宗祖呂世宜所留遺蹟及作品之處，前往鼓浪嶼、同安祥露妙建庵、林氏義莊、海滄三都瑞青宮、廈門大厝山、南普陀寺、廈港福海盧厝、公園路廈門五中（玉屏書院）、中山路鹽溪街（呂世宜

故居)、等處實地再做田野調查,將所漏列資料予以補實,忠實向讀者匯報,使本書更加完整。

呂世宜幾乎可以說是金門唯一聞名的書法家,是許多鄉賢與族人的驕傲。筆者作為呂世宜的同族後人,也對先輩敬仰已久。對呂世宜的深入研究,即是對金門文化的深入發掘,對金門人來說,很有意義。

由於親身走訪呂世宜曾經走過的足跡,讓我格外感受呂世宜一生在海洋與陸地之間的飄泊,與實現文學理想的執著,讓我在梳理呂世宜生平事蹟,直接面對呂世宜的作品、感受先賢的真跡之外,並從

文化傳播的角度看呂世宜平生，確定呂世宜對閩臺文化的貢獻和地位。

　　為了讓讀者在視覺上感受呂世宜的成就，以及品讀本書內容時，發現與見證兩岸文化交流上心靈的強烈震撼，我有系統的彙整所有資料，交互印證史實與許多耆老的口述歷史。且近幾年，兩岸文化交流越來越密切，並常來常往，使得呂世宜成為對臺灣清代中晚期書壇與金石學界具有影響的一位名家，同時也是兩岸文化交流的使者，有其特殊的歷史地位。後人對呂世宜的研究，特別是對其在書法學與金石學入臺方面的研究，足以開拓海峽兩岸文化交流的新話題、新思考。

　　本書特別圖文記錄了先後尋訪的地點，供將來有心徒步文化行旅的讀者們，或關心兩岸文化及呂世宜研究者，尋找清代文人的生活點點滴滴之墊腳石。

第一站：鼓浪嶼

鼓浪嶼林鶴年的宅邸「怡園」中，有呂世宜所書「小桃源」碑。據林鶴年後人所說，是1890年林鶴年在修築怡園時無意中得到了呂世宜手書「小桃

◆　圖：鼓浪嶼林鶴年的宅邸，呂世宜手書「小桃源」石刻。（拍攝於 2017 年 7 月 25 日）

源」石刻，於是在文中後面加鐫「避氛內渡，築園
得呂不翁書小桃源石刻人以為懺，爰嵌諸壁。光緒
丙申夏，林鶴年跋」，並將其嵌入牆中。

◆　圖：鼓浪嶼林鶴年的宅邸，呂世宜手書「小桃源」石刻。（拍攝於 2012 年秋季）

第二站：同安祥露妙建庵

妙建庵，又稱「聖安宮」，位於同安區祥平街道祥露街西橋尾，庵址地旁邊為古代漳州、泉州驛道，始建年代不詳。清道光年間(1821─1850年)重修，供奉觀音菩薩、北極真武帝及保生大帝，於

1992年新修。

　　筆者2017年7月26日再度前往田野調查，該庵正在重修中，宮內仍然保留明、清時期遺物，以石作居多，還包括由清代李延鈺和著名書法家呂世宜13幅石楹聯。

　　呂世宜楹聯：

　　　　眇矣無垠診脈椒房憑一線。

　　　　建諸不悖化身三闕統三元。

　　　　　　　　西邨呂世宜盥手敬書

第三站：林氏義莊

2017年7月26日上午我們一行3人，來到龍海角美楊厝村，清末民初台灣首富板橋林家林平侯，於道光元年建立的林氏義莊，筆

者主要是針對台灣金石導師—呂世宜親筆書寫的墓碑。這方墓碑鐫石

「皇清誥封淑人，顯妣林門王太淑墳塋，款識男國華（三子）、國芳（五子），孫紹才、友遜、友逢等同立石」。而在大堂內的牆上，有一塊鑲著12方精磨的黛黑石，鐫刻著林氏義莊碑記，也是呂世宜的作品。

　　據文獻記載：王太淑人為林平侯的元配，福建龍溪人。乾隆三十三年(1767年)生，道光二十八年(1848年)逝世。1848年呂世宜正寓居台灣板橋林家，因此題寫了這塊墓碑。

第四站：海滄三都瑞青宮

　　位於廈門海滄的滄江三都瑞青宮，已核定為廈門涉台文物保護單位，將成為對台民間交流的新平台。

　　廟裡保存完整的碑文曾記載，瑞青宮始建於南宋乾道年間，供奉宋代名醫吳本吳真人—保生大

帝。當時慈濟宮香客眾多，故加建瑞青宮，統管漳州府龍溪縣三都（即現海滄街道所轄區域）一帶的香火，為三都的境主宮。清道光二十三年、光緒十八年曾兩度重修。

在瑞青宮內，還保留有兩塊碑石保存完整，刻著清朝道光、光緒年間重修碑記。其中一方道光年二十三年重修碑記出自呂世宜之手，現將所拍攝碑石資料，如右圖，分享讀者。

第五站：廈門大厝山

大厝山是呂世宜
墓所在地，處於偏僻
無人之處，通向墓地
的小路幾乎已經被雜
草漫蓋，若不是一位
晨跑的書法愛好者發
現了呂世宜墓碑，恐
怕呂世宜墓至今仍未
能為世人所知，那枚著名的呂世宜自作墓記硯也不
會出土。

　　呂世宜自作墓誌銘的硯臺，從而驗證了呂世宜生平事蹟的許多時間點，大大豐富了呂世宜生平考據的準確性。

第六站：南普陀寺

西邨呂世宜在廈門南陀寺的摩山崖石刻，如右圖：

大清道光十有二年，歲次壬辰黍月五日己酉，富陽周凱、侯官楊慶琛、龍溪孫雲鴻、同安呂世宜、海澄葉化成同遊，世宜隸石。

呂世宜題「都放下」三隸字，咸豐四年（1854年）時已七十一歲，心境平靜，一切了然於心，不再作東渡，還有什麼放不下呢！如下各圖，分享讀者。

◆ 左圖：石刻文字為「大清道光十有二年，歲次壬辰黍月五日己酉，富陽周凱、侯官楊慶琛、龍溪孫雲鴻、同安呂世宜、海澄葉化成同遊，世宜隸石。」

◆ 下圖：隸書題石「都放下」、「咸豐四年正月重遊感書」，署款：「七十一叟呂西邨記。」

第七站：廈港福海盧厝

　　此厝甚美，筆者認為乃廈門島內古厝經典中之最。據盧家後代盧合浦中醫師稱：福海盧厝，建於清末，位於廈港福海社區圍仔內巷，旅菲華僑盧安邦（又名盧國樑）歷經三年鳩工建築成一座近代紅磚極品。此厝坐北朝南，占地近千平方米，由中軸對稱的兩落橫向大厝和兩側護龍及院前石埕組成，石埕周圍圍

牆，中間建一個高大門樓，形成完整的群落，十分
氣派。

　　2017年7月27日上午登門造訪盧合浦中醫師，
由文史工作者陳先生說明來意，主人熱心接待，承
蒙他的指引解說，除觀賞整體建築之美外，主要
著重呂世宜所留六處書法石刻作品，體現主人高雅
情趣及文化內涵。筆者經訪查並配以圖片，供大家
欣賞。本建築已被政府評定為福建省級文物保護單
位，繼續保護。

第八站：公園路廈門五中（玉屏書院）

　　2017年7月27日將屆中午，日正當中，一行三人攜帶拍攝器材前往公園路廈門五中（現正廈門實驗小學擴建中）因目前正在施工，經協調，同意我們進入。這裡是呂世宜曾執教的玉屏書院所在地，雖然這些地點已經完全找不到到呂氏當年活動的痕跡，一切線索已經湮滅在歷史的時光中，但在走訪過程中可以感覺到歷史的沉澱，以及與先賢超越時空交流的親切感。

　　書院是我國古代的教育機構，創辦者多是官府，同時也存在私人辦的書院。在古代，書院的地

位十分重要，它不但是一個地區的文化學術中心，
也是許多思想派別的發祥之處。

　　周凱所編的《廈門志》，記載廈門的玉屏書院
是廈門島創建最早，建設於清康熙二十年，呂世宜
就曾擔任廈門玉屏書院山長，因為有呂世宜、周凱
等人的參與和支持，更增進及落實教授講學之工
作。是日拍攝原遺留於玉屏書校區碑廊的呂世宜書
法碑刻相關資料，如上圖，提供分享讀者。

第九站：中山路鹽溪街（呂世宜故居）

　　筆者與廈門文史工作者陳先生等3人，於2017年7月27日上午10點半，到廈門拜訪西村第七代裔孫呂俊瑤先生，1963年生，現居蚶殼井附近中山路吳厝巷16號，廈門大學中文系畢業，廈門市業餘書法學校教師，擅書小楷、行書，文學底蘊雄厚，具有乃祖所遺風範，與筆者同宗族之故，彼此相見歡，並熱心接待。承蒙他指引廈門市鹽溪街九十八號呂世宜廈門故居舊址，本為二落大厝，改建成二層番樓。該街為醃製鹹菜作坊，後漸歇業，遂為民居而改稱「鹽溪街」。

第二章　發現呂世宜

金門呂氏族譜其世序字云為：

「茂啟餘圖蒙簡天心　卿清溪浯　光前有奕　興宗樸派　以承道脈　超爾君子　克明俊德世立其昌　公侯仲伯　孝義榮崇　古訓是式」

查呂氏世序字行，自一世「茂」字起，至第十世「清」止尚未遷浯，遷移浯州西倉則從十一世法溪公「溪」字起，傳代至今昭穆不紊。懸於西村宗祠，呂世宜在咸豐三年（1853）所寫的對聯落款卻是：「二十八世孫呂世宜頓首敬書」。二十八世應為「子」字行，不是三十三代「世」字行，「世宜」名並不按宗譜字行，其子號登元居廈門，諱安叔，字克恭，「克」字二十九世，無誤。金門新塘故居呂清山為「德」字輩，呂世宜後輩第五代；廈門書法家呂俊瑤自稱第七代，應為世宜直傳之裔，但不見廈門家譜，是否為「立」字輩？應不會是第四代之「俊」輩，俊瑤同宗手中有一冊《

閩粵呂氏族譜》，可惜沒有呂世宜譜系可銜接，待他日見廈門呂氏家譜，並約定彼此將《閩粵呂氏族譜》及金門《西村呂氏族譜》，共同近一步予以印證。

本書其他章節，筆者有幸得到廈門市圖書館古籍部門的熱心幫助並獲得贈相關書籍，得見豐富的呂世宜真跡資料，彌足珍貴，並作為本書圖像資料。

此外，還通過與廈門當地書法愛好者、篆刻家、文物家和地方志學者交流訪談，搜集呂世宜相關線索，獲得許多幫助。並請教從地方志學者的角度如何評價呂世宜。進而得知，呂世宜無論在清中晚期的閩南地區，乃至海峽兩岸的書法史或金石學史上，都佔有一席之地。

同時，筆者發現，呂世宜一生於閩南、臺灣地區執教的經歷、廣泛的學術交遊圈，也可作為其所處時代文人儒士學術活動的生動見證。故在臺灣的學術貢獻上，呂世宜被譽為「金石學導師」，影響之深遠，不言而喻，被譽為「金門一千七百年有史以來唯一的書法家」，是浯江之光，名符其實。

第二節 文藝生涯的考據

在當時，臺灣書畫史上的板橋林家「三先生」—呂世宜、葉化成、謝琯樵，其書畫造詣對福建的影響以福州、廈門、詔安及金門為主，也為臺灣帶來鉅大而深遠的影響。

在現有的資料裡，迄今為止，唯一全面的研究呂世宜的專著，有吳鼎仁的《西村呂世宜》，該書從呂世宜行誼與渡臺因緣、呂世宜書學風格析論、呂氏書風研究與清代書家比較研究、呂世宜書學定位與影響四個方面，綜合概括了研究呂世宜的幾個要點。該書圖版十分豐富，包括呂世宜的故居照片、刻石拓本等各種字體書法作品，共收錄133件，用心的收藏了許多呂世宜的書法作品，還有田野考察資料，以及拜訪呂世宜後代子孫的訪談心得等。

金門名士呂世宜藝文研究

　　另外，寫文介紹呂世宜的書法金石作品，有蘇夢輝《清代書法家呂世宜及其佳作》，雖全文只有千餘字，以廈門市圖書館館藏的一幅呂世宜對聯「風標居神仙，氣意在離落」引出對呂世宜簡要生平、主要學術成就的介紹。蘇夢輝文中還簡要評點了上述對聯，認為呂世宜以篆法作隸，古樸雅逸，得漢衡方風神，簡古超逸，不落窠臼。最後精練地點評了伊秉綬和呂世宜，提出然後前者豪邁沉雄，後者溫文雅逸，難分高下。

　　其他有關呂世宜的介紹，有周小英《讀帖小絮》一文評點所搜集到呂世宜的碑帖，其中第三部份說到《四十九石山房刻石》帖。文章記敘了《四十九石山房刻石》的篇目名，介紹了帖的由來，帖上的跋，帖的收藏者。

　　黃瑞霖《閩臺大學者大書法家呂世宜銘端硯》也介紹了他在拍賣會所得的一方呂世宜硯，簡要記敘了呂世宜生平，並摘錄了吳鼎仁先生收藏的「呂西村自作墓記」硯上的內容，硯上有「富貴家宜學寬、聰明人宜學厚」的陰文隸書銘，並楷書落款：「乙未三月，西村，呂世宜。」

　　還有林清哲的《清咸豐四年「呂西村自作墓記」硯考略》一文對「呂西村自作墓記」硯進行謄錄、整理，並對墓記內容作了初步考察：

　　一、提出「不翁」風範，認為呂氏在治學上勇於堅持個人追求。
　　二、呂氏與林家的金石淵源。
　　三、點評了呂世宜的金石造詣。

　　而將呂世宜做為清中後期閩臺、臺灣地區書畫壇中的代表人物進行介紹的，有林惠珠《明清時期閩臺書畫淵源關係初探─以謝琯樵、呂世宜為例》，書中有很大篇幅論及呂世宜。林惠珠認為呂世宜是將金石學與碑學派潮流導入臺灣的第一人，林惠珠先從周凱、陳慶鏞的評價，道出呂世宜在金石學上研究精深獨到、影響頗大，之後簡要介紹呂世宜赴臺淵源及所造成的影響，最後比較了呂世宜和伊秉綬書法風格的異同。

　　另一位是何丙仲《明清時期廈門書畫藝術的發展及廈、臺書畫交流述略》一文的第四部份「清代後期廈門的書畫與廈、臺書畫交流」中提到呂世宜。文中說道，咸豐時期，包括呂世宜在內的「三先生」入臺弘揚書畫藝術，影響巨大，其中引用了日本漢學家尾岐秀及連橫對呂世宜的評價。

　　王守民也在《論清代書家呂世宜交友與其碑學思想在臺灣的傳播》中提出周凱在呂世宜的學書經歷中的重要作用，周凱不僅在書法方面引導了呂世宜，更重要的是讓呂世宜藉助他的平臺，完成了從金石收藏到碑刻書法創作的過渡、幫助呂世宜渡海

到臺灣；並指出高澍然是引導呂世宜進入碑學領域
的重要人物。

　　王守民分析了林樹梅對呂世宜書法的影響，以
漢印法入隸書、刻印與作書同理，簡單提及板橋林
家對呂世宜書法在臺灣傳播所起的作用，以上已經
對呂世宜的文藝生涯點出了關鍵人與事了。

　　關於呂世宜交遊的考證，在陳茗《清道光間金
門林樹梅與呂世宜交遊考》中，通過呂世宜《愛吾
廬文鈔》、林樹梅《歊雲詩鈔》、《歊雲文鈔》及
周凱、陳慶鏞、高澍然等人相關文章的記載，整
理了呂世宜與林樹梅交往的記錄。蔡清德寫的《玉
屏書院與清代閩臺文人交遊考述》，介紹了玉屏書
院建成的由來、玉屏書院文人圈的代表人士（包括
呂世宜），文中引用了高澍然相關文章中對呂世宜
的評價，以及呂世宜文章中對林樹梅、林墨香、林
硯香兄弟的記敘，並提到了葉化成也有與呂世宜交
往，相輔相成。
　　曾曉敏在《臺灣流寓名士呂世宜》一文圖文並
茂，文章起篇稱呂世宜為閩臺兩地的文化使者，之

金門名士呂世宜藝文研究

後概括介紹了呂世宜文字學、金石學、書法的學術
成就及文教、編撰志書以及對臺灣文化上的貢獻。
文章以呂世宜調和臺灣林家和莊家紛爭、促成設
立義學為例，特別點出了呂世宜具有儒家氣質的特
點。

　　同時，林清哲與張若詩合著《臺灣流寓名士呂
世宜的書法情緣》，文章分「呂世宜與硯」、「
藝術成就」、「流寓臺灣」三個部份。「呂世宜與
硯」中引用了呂氏在《愛吾廬文鈔》中一段關於硯
的論述，並引用了吳鼎仁先生所藏「呂西村自作墓
記」硯的內容；「藝術成就」一段中，評價了呂氏
的書法成就，引用了南普陀的兩塊題石；「流寓臺
灣」則是簡單介紹了呂氏赴臺經歷。

　　2010年，廈門大學出版社出版了由廈門圖書館注解的《愛吾廬匯刻》，其中集合了呂世宜三部代表作品《愛吾廬文鈔》、《愛吾廬筆記》和《愛吾廬題跋》，是研究呂世宜的寶貴參考資料。此書在呂世宜研究方面貢獻了一個新的角度：版本學考據，雖然內容不多，但這已是前人研究所未見的，值得後學者參考。

　　而在臺灣方面，關於呂世宜的研究則論題較廣，歷史較久。早期在1923年，板橋林家的後代林熊光（朗庵）在東京出版了呂世宜的《愛吾廬題跋》；1929年，畢業於廈門大學的歷史與民俗學者薛澄清於廣州的《〔國立〕中山大學語言歷史學研究所週刊》發表《十八世紀中閩南的一個小學家—呂西村》一文，介紹了呂世宜生平與師承，並簡介了基本呂世宜著作，肯定了呂世宜的語言文字學研究成果。

到了20世紀中葉，許多學者研究呂世宜，主題集中於其在臺灣的生平活動及其對臺灣文化的影響。包括板橋林家的後代林熊光（朗庵）在1953年發表《臺灣金石學導師─呂西村》一文，敘述了呂世宜的主要事蹟，重點評論了其受聘於板橋林家的經過及產生的影響，肯定了他對臺灣書法與金石學的深遠意義。林熊光認為呂世宜無論是為人風範、書法藝術還是金石學成就，都深深影響到清代臺灣文藝界。

到了六、七十年代，又有文章更加詳細地論述呂世宜的生平交遊、書法藝術及文化影響。例如，1964年有少華的《呂世宜與謝琯樵》，講述呂世宜與友人謝琯樵的交遊往來。20世紀70年代，除了呂世宜個人生平交遊研究之外，開始出現以臺灣書法史為背景，探討其藝術成就與影響力的論文。例如莊伯和的《臺灣金石學導師─呂世宜》等等。

　　到了21世紀的現代，臺灣學者對呂世宜的學術研究無論在論文數量上，還是研究廣度與深度上，都有了很大飛躍。開始出現了從書法理論（書學）角度研究呂世宜的文章，比如吳鼎仁的碩士論文《呂世宜書學風格研究》（2003）；郭承權的碩士論文《呂世宜書法研究：兼論與臺灣書壇發展之關係》（2000）、葉鬱玫《呂世宜書學與書法研究》（2010）等。

　　郭承權在臺灣師範大學的碩士論文《呂世宜書法研究：兼論與臺灣書壇發展之關係》中，及共分五個章節，從內在和外在兩個方面分別論述了呂世宜書學素養的背景，與臺灣書壇發展的關係。文中對於明代以及清代中期福建書壇的發展狀況進行了總結概括，使用史料對呂世宜生平一些重要節點的具體時間進行了論證。另外，論文的特點還在於以歷代書論討論呂世宜的書學風格，並分析呂世宜書法作品，採用了整體性的研究，為呂世宜進行歷史與書學定位。

　　周明聰的博士論文《臺灣書畫史上的板橋林家「三先生」─呂世宜、葉化成、謝琯樵之研究》雖不是針對呂世宜研究的專文，但是文章中以三分之一的筆墨對呂世宜進行了深入研究。這篇論文首先解釋了「板橋三先生」這個名詞的由來，指出「三先

生」是呂世宜、謝琯樵和葉化成，他們被冠上這個稱號，因為他們分別於道光、咸豐年間應聘至林本源家擔任家庭教師。「三先生」一詞，最早見於日據時期1926年（大正十五年）秋，在臺北舉辦呂世宜、謝琯樵、葉化成三先生遺墨展覽會。

另在周明聰的《臺灣書畫史上的板橋林家「三先生」—呂世宜、葉化成、謝琯樵之研究》第三章可知呂世宜的生平交遊、藝術特點與成就。在生平交遊方面首先考證了呂世宜的家世背景，包括《廈門志》、《金門志》和《臺灣通史》記載的呂世宜簡單生平和其父親的孝子事蹟等；其次，關於呂世宜的交遊情況，文章主要根據是《愛吾廬文鈔》中出現的人物和事蹟，涉及了呂世宜和周凱、高澍然、楊慶琛、林必瑞、林必輝、林樹梅、洪范等文士的交往。

　　綜合以上的敘述，對呂世宜的歷史定位與歷史影響，可以從他在清代書壇的定位與影響、對廈門書壇的影響、對臺灣書壇的影響、對金門書壇的影響等四方面來研究，研究的方式，採用美術史研究中的圖像整理方法，對呂世宜作品進行史料梳理與圖片整理的文獻彙集。並以拍攝原作真跡、翻拍作品圖冊等方法搜集呂世宜書法、金石等作品，再結合歷史文獻、今人考據文章等，對所搜集的圖像資料進行整理、辨析、分析。通過這些方法，便可將呂世宜一生在人文學術上的奉獻，清楚描述。

第三章　呂世宜的家族

第一節　宗親

　　古代文人向來有以家鄉地名為號的傳統，呂世宜號「西邨」，來自他的家鄉金門西村。西村古名「西倉」，呂姓來源自泉州。

　　根據筆者在金門查閱族譜、走訪祠堂等，可看出金門呂氏的源頭來自哪裡？金門呂氏的郡望有

河東郡、淮南郡、東平郡、金華縣、晉江縣、南安縣，而堂號有渭濱堂、東萊堂，門額為渭水流芳、河東衍派。

　　中原文獻呂氏出自炎帝。炎帝是姜姓始祖，分佈在渭河流域和黃河中游，其後裔共工氏之孫伯夷因佐堯掌四嶽，助大禹治水有功，封地於呂，於是以「呂」為姓。呂氏後裔呂尚，又稱姜子牙，助周王滅商，封地於齊，是齊國祖先。到了呂青一輩，為避秦朝統治，遷徙河東，其後呂行鈞為府尹，稱「河東世澤」，所以「河東」成為呂氏郡望。

　　《金門縣志・氏族篇》關於「呂氏」的記載有：

　　呂：炎帝姜姓之後，望出河東、東平。呂姓入閩甚早，見於東晉時中原多故，難民避居浯洲者六姓之一。又唐隨牧馬監陳淵來浯者十二姓，呂亦其一。惟今浯之呂氏，系南宋時由南安樸鄉遷來。一為宋呂蒙貞之後，四傳至呂夏卿，與歐陽修典攝《唐書》。夏卿諸孫法溪、壁溪，移居浯江西倉。一為蒙貞之弟蒙正之後，五傳至呂春秀，隨呂文煥以襄陽降元，春秀弟春炳，避亂移居晉江，其子再移居浯洲呂厝。今諸呂聚居東西倉、庵邊、下湖、西埔一帶，派下分居林兜、中蘭、榜林、新塘、烈嶼等處。（金門縣立社會教育館編，《金門縣志》上冊・卷三《人民志氏族篇》，金門縣政府，1990，第377頁）

又據《金門呂氏宗祠修建緣起》記載：

敬維吾呂氏始祖，發起於泉州相公巷，分居朴里，支分金門黃厝鄉，後因風暴沙發，厝宅被埋，子孫分遷，長房移居下湖、溪邊、塗樓；二房移居溪邊、下湖、及林兜。廿九世祖諱克奢，攜二子；媽但和媽黛，徙居榜林，原籍西埔，概為三房。吾呂氏宗祠，址在西村，建於清雍正四年，太歲庚戌，奠安葭月，迄今分業有二百四十…（呂氏宗親會：《金門呂氏宗祠修建緣起》，金門縣呂氏宗祠重建委員會，1994，登載于金門呂氏宗祠）

根據現存清乾隆丙午年（1786年）《呂氏大宗譜》及《競茂公源流衍派族譜》記載，泉州呂姓始祖呂競茂是呂諲後裔（曾歷任唐虞部員外郎、侍御

史、御史中丞、武部侍郎）。呂競茂進入福建的時間在唐光啟元年（885年），在晉江七都曾埭吳坑（現在是安海曾埭、西安地方）開闢居住地，從此開始閩地的呂氏歷史。但是，根據《新唐書・呂諲傳》記載，呂諲是河中河東人。

　　河東是現在的山西，如果競茂公出自呂諲門下，應該是從山西遷徙到福建的。但是許多金門呂氏族譜、家譜都明確記載呂氏源自河南固始縣，這是因為開閩王王審知是光州固始縣人，全閩各地都有自稱隨王審知入閩，所以源自固始的說法。而且《曾埭呂氏宗譜十四卷・首一卷》也有記載：

　　一世祖諲，唐河東人。始遷曾埭祖占，諲七世孫，號競茂，五代時遷居閩晉江曾埭。（《曾埭呂氏宗譜十四卷》，清刻本，金門呂氏宗族藏，首一卷）

　　因此，福建呂氏如出於呂諲，則河東（山西）

才是原籍，而非河南。

根據2014年呂氏宗祠奠安宗祠重建誌所撰《呂氏宗祠重建誌》也有記載：

> 呂氏，據史載源自姜姓出，炎帝之後，商末孤竹君子受封於呂（河南新蔡），傳至河南光州固始之呂諲，時為唐肅宗宰相。傳至呂競茂（譚占），始移福建泉州府晉江縣相公巷（後改居曾埭）。嗣後徙南安縣樸兜鄉西倉甲，迄十世至呂法溪（字廷元）始移浯州西倉（即今之西村），三弟藩溪（字廷才）居浯洲東倉。

呂氏宗祠重建誌

呂氏，據史載源自姜姓出，炎帝之後，商末孤竹君子受封於呂（河南新蔡），時為唐肅宗宰相。傳至呂諲，始移福建泉州府晉江縣相公巷（後改居曾埭），迄十世至呂法溪（字廷元）始移浯州西倉（即今之西村），三弟藩溪（字廷才）居浯洲東倉。

夫呂氏族瓜瓞綿延焉，茲略述如后：長房支分下湖，二房移居漢遠，三房移居西埔及二十七世公克奢攜子從後湖漢遠及土樓、新塘、東坑、西村則盡為四房。其宗祠曾遍佈台灣、澎湖，廈間，因呂氏族繁行人文昌熾，馬來西亞等地，可謂「光榮耀祖，載名揚芬。本本於根，水本於源，敬惟字宙萬物各有其本」。故栽木者培根，飲水者思源，是以前清雍正七年（西元一七二九年）肇始祖德，貽謀恩揚祖德德。然述經時空遞變，宗祠經於民國五十九年重修其安，及至十五年又重修迄今因樑柱屬蛙、屋厝危傾漏雨，鑑於頻於修葺，終所宜，繼代香火，水泥為建材，就地重建擴建成柱、石材，做長久計。就地重建擴成，寄募捐款，並敦請卿躍踴輸，鼎力鳩資襄助，得並經公議組團圓向海外宗賢，於八十三年十月開工折建，加高祠基據大堂構，至一四年有利安。後經坦與擇吉年西曆20呂氏宗祠背山面池塘、巍峨莊嚴，金碧輝煌，視野遼闊，每年上元冬至，族人例行舉辦「祭祖一吃頭」等傳統民俗活動，藉聯繫情誼，凝聚宗族力量，直上雲霄，象徵我呂氏族人念祖德宗功，敬天法祖，源遠流長，永續綿延，民德歸厚其香煙裊裊綿綿，永續綿延矣。

中華民國一○三年吉月立

呂氏宗祠重建委員會 謹識

　　夫呂氏族瓜瓞綿延焉，茲略述如后：長房支分下湖溪邊及土樓、新塘，二房移居溪邊、下湖、林兜及烈嶼東坑，三房移居西埔及二十七世公克奢攜子徙居榜林、西村則盡為四房。（2014年呂氏宗祠奠安宗祠重建誌）

　　《西倉呂氏四房分派家譜》記載：

　　呂氏其先河南汝州府光州固始縣人也，唐宰相呂諲之裔。及五代，呂占公始遷福建泉州曾埭居焉，是為始祖。第十世千二使諱之才，號清溪，別號舜臣，乃清洛公諱汴公之次子也，世居南安樸兜鄉……當時清溪公既父子登科及第，何為徙居浯洲武山之東西倉而聚焉？亦因青苗事壞，公之先人與

有謀焉。是以父子星散逃難，始獨潛移於浯洲西倉鄉居住。（《西倉呂氏四房分派家譜》，清刻本，金門呂氏宗族藏）

　　按照上文所述，十世呂之才開始遷徙到金門居住，選擇在金門西倉安家，而遷居的原因是逃難。

　　而《金門西埔呂氏家譜》記載泉州呂氏遷移金
門，原因與《西倉呂氏四房分派家譜》不同：

　　本始祖溯源泉州相公巷，分支朴里，支分金門黃
　　厝鄉。後因風起沙飛，厝宅被掩，乃遷徙近建家立
　　業。長房居塗樓、新塘；二房居下湖、溪邊、林兜；
　　三房遷西埔，分居榜林；四房則住西村。(《金門西埔
　　呂氏家譜》，清刻本，金門呂氏宗族藏)

　　根據上文列舉的幾份金門呂氏族譜分析都可得知，金
門呂氏來自泉州，而後遷至金門。雖然遷移至金門的時期
不同、支派不同、但是遷移的路徑是比較一致的，都是先

從泉州遷移至南安，再到金門。

　　呂氏開閩始祖競茂公呂占在泉州曾埭安居後，又經十一世才有分支至金門。六世居簡公諱仁衛有三子，開出天申房、天德房、天恩房，今日金門呂氏出自該三房。七世天申公居住泉州相公巷，天申房、天德房、天恩房三房七世裔孫再遷居南安樸兜。天申房惠卿派下十一世為藩溪公，又號千二使，在北宋末年遷居浯州東倉。天恩房九世

夏卿公長子十世添公、次子法溪與三子壁溪，也在北宋末遷徙至浯州，定居西倉（西村）。因此，西村呂氏奉法溪公為開浯始祖。

根據族譜，法溪公長子宏浯字祖元、次子潘浯字祖亨、三子承浯字祖利、四子述浯字祖貞。四房經歷時間遷徙、人口成長，分別居住在西村附近的不同村落，尊西村為大宗祖家，西村呂氏宗祠是呂氏大宗祠堂。

研究呂氏家譜我們會發現，呂世宜並未按照呂氏宗譜取名。金門西村現存有《西倉呂氏長房(土樓)分派家譜》，為嘉慶元年(1796年)增修集成後再錄，上載呂氏世序字

為：

　　茂啟余圖、蒙簡天心、卿清溪浯、光前有奕、興
宗樸派、以承道脈、超爾君子、克明俊德、世立其
昌、公侯仲伯、孝義榮崇、古訓是式。（《西倉呂氏長
房(土樓)分派家譜》，抄本，清嘉慶元年，金門呂氏宗族
藏）

　　金門西村的呂氏宗祠存有呂世宜所寫對聯，其落款
為：「二十八世孫呂世宜頓首敬書」。按照上文的呂氏世
序，二十八世應為「子」字行，不是「世」字行，可見呂

世宜並未按照宗譜起名。呂世宜之子呂登元字克恭，「克」字為二十九世。

　現金門瓊林十一世宗祠祠堂內有呂世宜所寫對聯。西村耆老表示，呂世宜為瓊林蔡氏書寫對聯是為化解兩村恩

怨。事情源自瓊林女子嫁來西村，不幸發生意外身亡，娘家瓊林父老對西村頗不諒解，雙方交惡。恰逢瓊林十一世宗祠竣工，呂世宜自薦為瓊林宗祠寫對聯，希望化解雙方糾紛。不過，兩村恩怨並未因此化解，呂氏和蔡氏從此互不婚嫁。

　　呂世宜在金門的祖居是金門東村十六號，這裡至今還掛
著一塊「文魁」牌匾，上書：兵部侍郎兼都察院右副都御
史巡撫福建等處地方提督軍務葉世□為文魁，道光貳年壬午
科中式舉人第五十一名呂世宜立。在呂世宜的出生地金門西
邨的新塘八號，也有一塊相同的牌匾。

73

金門名士呂世宜藝文研究

74

　　呂世宜出自金門的西村，而目前金湖鎮蓮庵里西村地區仍然是呂姓的單姓村。2010年2月份戶籍資料顯示西村現有呂姓79戶，210人，屬於中型聚落。蓮庵里的5個呂氏單姓村西村、東村、庵邊、土樓、西埔又稱五鄉，其中以東村戶數最多，蓮庵里呂姓人口佔了七成。

第二節　生平

呂世宜，字可合，號西村，晚稱耇可、不翁，金門人，清嘉慶十三年（1808，時年25歲）秀才，道光二年壬午（1822，時年39歲）舉人，一生好文嗜古，以書法、金石學、文字學聞名，著有《愛吾廬題跋》、《愛吾廬文鈔》、《愛吾廬筆記》、《古今文字通釋》、《千字文通釋》等，參與編撰《廈門志》、《同安志》。

一、呂世宜的求學與中舉

1、求學之初的兩位老師：王輝山與周禮

王瓊林，字玉崙，號輝山，呂世宜的初受業之師。〔民國〕《廈門志》卷二十九節義傳有呂世宜師王瓊林的記載：

……質魯而讀益苦，嘉慶二十三年，舉於鄉。家貧，課徒自給，遊其門者率循循有禮。呂孝廉世宜從受學，勗之曰：「爾毋堂堂爾，爾毋烺烺爾，行者身之基，文者行之枝，有行無文，儳，有文無行，賊。士之賊，不如氓之儳，小子戒諸。」性嚴靜而和，寡言語，慎交遊，辭受取與間，斬斬靳靳不苟貴，人以得見為重，已絕跡不往。當道聞其名甚重之，非公亦弗至。邑中稱學行醇備者，必曰王先生。少年美豐儀，肄業玉屏書院，院側有女未笄，慕其才，意屬焉，正容拒之。應試郡城，有主

人女窺而悅之，瓊林若為不解，即日移寓去。卒年五十二，門人呂世宜為立傳。（《廈門市志》〔民國〕卷二十九義節，廈門市地方志編纂委員會辦公室，1999）

王輝山的經歷中，有許多與呂世宜相同之處。比如，王輝山也是幼年失怙，也都業於玉屏書院，也都執教書院、桃李滿門。作為初受業之師，呂世宜從王輝山處學習的不僅是文，更是德。他學到了為人處世之理，如做人要端正莊嚴、心志氣度要宏大，德行從於文章…等等。呂世宜曾寫《王輝山夫子墓誌銘》，說明王輝山對他的影響，其中說道：

世宜之初受業於夫子也，夫子進而勖之曰：「爾毋堂堂爾，爾毋烺烺爾。行者身之基，文者身之枝，有行無文，儜；有文無行，賊。士而賊，不如泯之儜。小子戒諸！」世宜侍夫子日久，而後知夫子之所以淑世宜者，皆其所自淑者也。……世宜侍夫子日久，自以為知夫子矣，乃夫子之不易知也竟若是哉！嗟乎！我夫子言必宗經，行必踏道，穆然有古師儒規，克副國家作人礪士之用。雖胸所蘊蓄未獲措施，而矜浮式靡，挽頹風而追先正，所裨於士風者匪鮮，乃既厄其遇，又不克大其年，使後生小子有所遵循。若世宜者，遂自是失所依歸，是則可痛也已。（呂世宜撰，《愛吾廬匯刻》，廈門市圖書館校注，廈門大學出版社，2010，第46頁）

由此可見，王輝山對呂世宜的影響主要在為
人、為師的品格方面。呂世宜自己也教書一生，從
王輝山以身作則的風範上，他也學到了作為人師如
何行必踏道，大為受益。

另一位老師，周禮是呂世宜的啟蒙老師，他
經、書、子、史無一不精，學識淵博，幫助呂世宜
打下了紮實的學術基礎。

〔民國〕《廈門志》有周禮的生平記載：

> 周禮，字世崇，一字敬堂。晉江諸生，設教鷺
> 門，遂家焉。生六歲而孤。十歲能文，以十三經與
> 童子試。籍學有童子譽。施世瑚、蔡鎮世，晉江名
> 宿也，尤器周禮。而鎮世以女女焉。妻兄弟鯤與禮
> 相切磨，學益進。學鯤選刊詩賦，禮為之注。經、
> 書、子、史無不淹貫，為古文同章雜體卓然成一家
> 言。屢焉不售。同考官剽其文為擬墨，見者不平。
> 禮曰：亦知己也。晚年病目，有質以一文者，令自
> 誦讀，為評論之。究心韻學，詩尤韶秀幽遠，著有
> 《悔荼小草》。（〔民國〕《廈門志》卷二十五文苑
> 傳，廈門市地方志編纂委員會編，1999）

周禮的古文造詣很深，呂世宜自述早年曾對八
股文研究頗深，應該就是受到周禮的影響。呂世宜
在《愛吾廬文鈔・自敘》中說道：

少從敬堂周夫子學，聞有古文法，未習也，自是溺於八比二十餘載。（呂世宜撰，《愛吾廬匯刻》，廈門市圖書館校注，廈門大學出版社，2010，第5頁）

2、應試與中舉的過程

呂世宜是清嘉慶戊辰（1808年）秀才，時年二十五歲，道光壬午（1822年）舉人，時年三十九歲，曾官至翰林院典簿銜，但在其自作墓志中説是友人林君樞北為他捐，非本人的志向。

所以，呂世宜從清嘉慶戊辰（1808年）為秀才，到道光壬午（1822年）才成為舉人，可見在二十五歲到三十九歲，這十多年間，呂世宜的應試之路並不順利。

呂世宜在其《致兄友毅哀詞》一文中也有提到：

我遊於庠，兄色嘻嘻。我黜於闈，兄顰其眉。館我於塾，為其子師。（呂世宜撰，《愛吾廬匯刻》，廈門市圖書館校注，廈門大學出版社，2010，第69頁）

呂世宜遊於庠、黜於闈，自認為科舉之路不

順。而且，呂世宜自述四十始學隸，即是中舉後的一年，之後他更加醉心於研究金石之學，志早已不在科舉之路。

另外，根據林朗庵在《臺灣金石學導師—呂西村》一文中提出，呂世宜還任過「庶吉士」之銜。「庶吉士」翰林院內的一種短期職位，是部份二甲、三甲進士任官前在翰林院的一種受訓經歷。

二、呂世宜執掌書院期間

「書院」是我國古代的教育機構，創辦者多是官府，同時也存在私人興辦的書院。在古代，書院的地位十分重要，它不但是一個地區的文化學術中心，也是許多思想派別的發祥之處。

根據黃新憲《清代閩南書院特色考略》統計，清代福建共有書院470所以上，因為閩南地區教育發達，故書院多集中在這個地區，佔有相當比例。

呂世宜所在時代，廈門主要官辦學院就是「紫陽」與「玉屏」兩所。其中玉屏書院歸興泉永道課，紫陽歸廈防同知課，道光辛丑年（1841），二書院合而為一。

在教學內容上，閩南書院一般教授傳統學術、科舉，課業以學習八股文寫作以應科舉為主。比如光緒七年曾兆鰲編《玉屏書院課藝》，將來源於《大學》、《中庸》、《論語》、《孟子》等儒家經典的內容作為書院教學的教材，可見書院主要教學目的，就是為了適應科舉考試的需要。

在行政管理方面，閩南書院的主持者由當地有名望的鴻儒出任，稱為「山長」。山長因學問、威望高，一般也會成為所掌書院的主要授課人。呂世宜就曾擔任廈門玉屏書院山長，可見其學術成就被當時文人所推崇。

擔任山長可以享有較為豐厚的經濟與生活待遇，有年束金和節慶生辰等的補貼，故呂世宜在擔任玉屏書院山長後，他的經濟狀況應大有改善。

與現代的學校一樣，古代的書院也有對學生的定期考察，以檢查學子們的為學水平。在每個月第一天，書院都要考試，稱為「官課」，月中則要考一次「師課」，師課是由山長命題的，因此更加嚴格。

而書院經費來源，一般有縣庫籌撥、地方附加稅、捐資等管道。《廈門志》十二卷學校志一書院部分，錄陳慶鏞《玉屏、紫陽二書院經費碑記》一文，將集資重修書院一事記敘得十分詳細：

己酉，余主講其地，興、泉、漳、永肆業來

者，履紛紛滿戶外，膏火恒不給，思加獎賞，力
弗及支。適邑紳觀察林樞北國華過訪，予以此事告
之，語未畢，慨然曰：「是先人志也。」提金錢六
千緡，先為倡。議定，告諸兵備史蘭舫謂淪，兵備
告諸司馬俞謙齋益，來院履聲相接踵，慫惠提捐，
皆曰諾。簿正史如林之數少半數，俞如史之數大
半數，其在於林，則五之三也。釋算為純萬，盈數
也。遂發商經紀，董其事者：舉人呂世宜、葉化
成、馮謙光、陳駿之，畢請勒石，以垂諸遠。余惟
玉屏、紫陽二書院，昔分今並，倘得有力者擴而充
之，仍照舊奉，以廣育德，則師立則善多也。諸生
勉乎哉！是為記。（《廈門市志》〔民國〕十二卷學
校志，廈門市地方志編撰委員會，第298-299頁）

又根據《愛吾廬文鈔》文章《<鵲巢吟草>序》
中，呂世宜自敘：

壬辰之歲，余館於廈島綠陰精舍，紹庭將從余
學…今歲余主講浯江。（呂世宜撰，《愛吾廬匯刻》
，廈門市圖書館校注，廈門大學出版社，2010，第
24頁）

可見，道光十二年（1832）呂世宜教學於綠陰
精舍，主講浯江書院則在其後。

呂世宜並在《愛吾廬文鈔》文章《上五山先生書》中提及：

芝山、浯江兩書院極知有忝，且滋物議，第以去歲先母、庶母二次喪葬，所費不貲。（呂世宜撰，《愛吾廬匯刻》，廈門市圖書館校注，廈門大學出版社，2010，第17頁）

呂世宜《祭芸皋夫子文》中也講道：

…浯江、紫陽二書院講席，使世宜主之…（呂世宜撰，廈門市圖書館校注，《愛吾廬匯刻》，廈門大學出版社，2010，第68頁）

上文中所說的芝山，即芝山書院，在漳州；浯江指浯江書院，在金門；紫陽指紫陽書院，在廈門。芸皋夫子即呂世宜之師周凱，曾任興泉永道。

從上文可知呂世宜曾主講浯江書院、紫陽書院，並且得到周凱推薦擔任教職的。另外，據《臺灣通史》卷三十四，道光十年（1830），呂世宜四十七歲時，周凱遷廈門接任興泉永道，呂世宜拜其為師，居於廈門玉屏書院：

富陽周凱任興泉永道，見而奇之，居於玉屏書

院，與莊中正、林焜熿等有名庠序間。嗣舉鄉薦。（連橫，《臺灣通史》，商務印書館，2010，卷三十三，第700頁）

由此可知，呂世宜的足跡主要在閩南與臺灣，曾在漳州芝山書院、金門浯江書院、廈門紫陽書院、廈門玉屏書院及臺灣大觀義學執教。

除書院之外，還曾在私塾精舍教學。因史料未見記載，廈門綠陰精舍由來已不可考。但呂世宜從私塾精舍到官辦書院執教的經歷，可讓我們見到清代閩南地區教育形式之一角。

呂世宜在廈門執教過的書院一玉屏書院，在廈門享有盛名。玉屏書院位於玉屏山麓（即今廈門五中校園內），其舊址原為義學，風光頗佳。高澍然在《玉屏書院夜讌記又一首》中寫道：

玉屏書院依山高下而屋，其最高可望海得月。最早者為賣詩店，不知賣詩店之名何所昉也。

清康熙二十四年（1685），將軍吳英在其址建文昌殿、萃文亭。後戶部郎中雅奇增建集德堂，增置學舍，為士子課文場所。不久，因生員屢減，被僧人所佔有。乾隆十六年，水師提督倪鴻范與興泉永道白瀛、廈防同知許逢元，會同地方紳士共同募捐，在文昌殿右辟地蓋講堂一所，齋廡八間，以二

間供館役住宿,其餘作為學舍。聘進士藍應元出任
山長。嗣因生員驟增,學舍不足,膏火之費亦缺,
紳士黃日紀等捐銀三千餘兩,以年息資備膏火。復
買文昌殿右側瓦屋二十餘間,建崇德堂、芝蘭室、
漱芳齋以充學舍。乾隆五十三年,新任興泉永道胡
世銓購置「經、史、子、集」和「九通」等書萬餘
冊,存貯院內,供學子閱覽。並飭廈防同知黃奠邦
清查書院經費開支,重訂章程,錄朱熹《白鹿洞學
規》,陳桂林《學約》十則,與章程並刊成帙,教
育學子。(高澍然,《抑快軒文集》,揚州,江蘇廣
陵古籍刻印社出版發行,1998,第484頁)

　　《廈門志》卷九藝文略錄中,有白瀛著《玉屏
書院記》,也記敘了上文所說清代乾隆時期玉屏書
院之修建。清代道光年間玉屏書院重修則與呂世宜
之師周凱有直接關係。清道光年間,玉屏書院已逐
漸頹廢,不復昔日盛景。道光十年(1830),周凱
奉旨授福建興泉永道,十一月到達廈門。道光十五
年(1835),周凱便開始著手主修玉屏書院。
　　《廈門志》第十二卷學校志「書院」錄有《周
巡道凱重修玉屏書院記》,詳細記載了廈門呂世宜
之師,興泉永道周凱主持重修玉屏書院之事:

　　廈門一島,居泉漳之交,分同安縣十一里之一
里,曰嘉禾里。無學校而設書院。書院有二:曰玉
屏,曰紫陽。

　　玉屏在城東南隅玉屏山，故名。齋舍鱗次，山海環拱，勝地也。中祀文昌，文武朔望禮焉。殿宇差隘，雨則僚屬不能展拜。而武廟在城西南隅，建自康熙初，水師提標五營新之，規模巨集壯，視此偉焉。余自蒞斯任，時與廈防同知謀別建。紳士狃於擇地之說，終無成。道光十五年春，董事請修玉屏書院。余往度之，殿后有隙地二弓，拓入，殿即閎敞，蓋向者建置之未善也。謀於提督陳公，釀金改建，令營匠構造，專弁監工。三閱月而工成，費實錢六百餘算。殿廡敞邃，雖不及武廟，煥然改觀矣。由殿而東，為衛山閣、崇德堂、漱芳齋、芝蘭室、賣詩店；殿后為朱子祠，亦曰集德堂祠；西為萃文亭、三臺閣、靜明軒、仿胡齋；下為講堂，皆書院齋舍及遊覽處也。向之修建也，斂士商錢，一二紳士董其事，書吏雜其間，多浮費，工不堅。余乃倡為各修法，有願修某室者，捐資自為之，無經書吏手。於是舉人呂世宜、李應瑞修萃文亭，遷魁星像其中；生員林錫朋修芝蘭室；貢生楊士僑修賣詩店；職員陳聯恭修漱芳齋；吳廷材修三臺閣；童生張福海修靜明軒；監生郭懋基修仿胡齋；職員吳文昭與其族人重新朱子祠；眾典商重建衛山閣、崇德堂；而舉人淩翰與其弟屏亦修福德祠。次第興舉，彼此爭美，較前又加華焉。講堂在殿西，尚完好，有吳秩南任新之，築基五尺，別為門，以便主講者出入。凡再閱月而落成，請余為之記，將伐石陷諸壁。余維書院所以廣學校之教也，廈門雖分同

安之一里，而士則四方咸集，不僅同安也。貨財所聚，民以富足，故事易舉，好義者眾也。顧余更有進焉，將以是為華觀乎？抑將有人焉，讀書其中，明先王之道，希聖賢之學，求諸身心，無愧神明，以儲國家之用乎？余雖不學，視察是邦五年矣，士有淬志於學者，余當進之於道，以無負諸君新之之意。至於書院興始，詳於前人載記，捐輸姓名銀數，書之別碑，茲不載。（道光《廈門志》卷九藝文略，廈門市地方志編撰委員會辦公室整理，1996）

周凱在玉屏書院的修建規劃上，採用將書院各部分分別劃分，邀民間富紳認捐修建，有效節約了修建的經濟開支。書院重修完成後，周凱邀請包括呂世宜在內的名士賢士執教，一時文儒雲集，玉屏書院成為閩南文化盛極一時的重要之地。從周凱著述《內自訟齋文集》記載看，當時玉屏書院培養許多閩南地區著名的學子文人，如林鶚騰、黃元琮、林焜熿、林樹梅等。這批文人的影響力甚至輻射到臺灣，比如林樹梅、呂世宜、葉化成都曾赴臺灣教學，都與玉屏書院的文風鼎盛有關。

因為當時，周凱以玉屏書院為中心，延請高澍然等名士來廈門講學，豐富了廈門地區的學術文化活動。以高澍然為例，他與周凱有「兄弟之交」，受其邀請曾到玉屏書院講學三個月。在此期間，高

澍然與玉屏書院的學子結下深厚友誼，離開廈門後也仍保持與玉屏書院諸生的聯繫。故在高澍然作品集《抑快軒文集》中，可見到他與呂世宜、莊中正、林樹梅等人往來書信的記錄。

同時在廈門，呂世宜執教過的另一書院—紫陽書院，原在西門外朝天宮後（今廈門思北小學右後），清康熙年間廈防同知范廷謨移於廈門港。雍正二年（1724），廈防同知馮鑒擴大規模，於大門兩旁廂房建築山店兩間，月收租金備學習津貼之用。因管理乏人，生徒日少，遂被外人佔用，後來充做養馬之所。

乾隆四十六年（1781），由廈防同知張朝縉捐俸提倡、修理院舍，設學延師，每月課藝，遂無虛歲。道光二十五年（1845）因經費無源，書院停辦。後來紫陽書院便與玉屏書院合併。

《廈門志》記載：紫陽書院，前在西門外朝天宮；康熙年間移廈門港，同知范廷謨所創也。前大門，中祠宇，後講堂。雍正二年同知馮鑒拓之，…日久弊生，生徒寥落，遂為外人所潛蹤破壞，幾四十年。迨李璋、胡宗文先後蒞廈，乃復設學延師，每月課藝。時文風大振，刻鷺課士錄以示獎勵，同知捐俸，每季發送。每月生童或至百

人，地甚窄狹，同知楊愚始行開拓，將院旁注生祠並小屋數間，俱歸學舍。（節錄《廈志》，采《鷺江志》）

　　…鷺江紫陽書院，始自康熙年間，司馬范公廷模所建。中為祠宇，祀徽國文公；後設講堂；左為學舍，齋廚畢俱。相繼官斯土者，皆延師主教，完葺以時。逮近而傾圮甚矣。乾隆己亥冬，紳士王經綸、曾朝英、林雲青、李國典等，呈請於司馬張公朝縉。公以振興文教為有司責，於是清其蕪穢，捐俸倡建…（〔民國〕《廈門市志》第十二卷學校志，廈門市地方志編撰委員會辦公室整理，1999）

　　根據此記錄看，紫陽書院的規模並不大，因資金問題停辦，後併入玉屏書院。所以，可以判斷，呂世宜講學以紫陽書院在前，玉屏書院為後。

　　古時的金門有四大書院，浯江書院是其中之一。因呂世宜是金門人，曾經於家鄉金門執教，其館為浯江書院。

　　據記載，浯江書院位於金城西門境內，原址是清同安縣通判衙署，清朝乾隆四十五年黃汝誠先生捐資購買署址，改設為書院。後來，鄉人集資在書院內建朱子祠，祭祀宋朝大儒朱熹，感念其教育金門之功。清代金門的浯江書院，亦屬於官辦書院。

　　周凱《內自訟齋文選》中有《浯江書院碑記》一文，介紹了浯江書院：

　　金門書院，宋有燕南，元有浯洲，明無考。今日浯江。建國朝乾隆四十六年；前移通判駐馬家巷，虛其署，島中士黃汝試購為書院，祀朱子先儒。後設縣丞。縣丞歐陽懋德至，謀於眾，仍前署，就署西義學改建焉。徐行健董其成。汝試願捐銀二千為膏火。尋卒，其子如杜以海澄田充之。訟於府，斷如數，輸銀存晉江庫，久之，被沒，田亦失。嘉慶間，縣丞李振青捐銀為祭祀資。道光元年，興泉永道倪公琇以文勸眾紳士鳩實錢一千算，吳獻卿捐實錢四千算，子學元又捐四十算，膏火始

具。牒大府,由道延師課藝。書院在後浦鄉,前為大門、儀門,中為講堂,後為朱子祠,祀先儒。東西廊凡十有八齋,中廚皆備。余繼倪公任,督課亦六年矣。董事諸君,以未有碑記,請余記其原始,並書(前後)捐輸姓氏於他石。道光十六年五月日記。(林焜熿,《金門志》卷四,規制志,書院,臺灣歷史文獻叢刊,臺灣省文獻委員會,1993)

現在,在金門還有浯江書院建築,位於金城鎮珠浦北路35號,為乾隆年間所建,後幾經翻修,其形制和建築架構仍然保留為傳統形式,是金門僅存的一所書院。浯江書院內還有一座朱子祠,為祭祀南宋理學大師朱熹之祠堂。然而,呂世宜在浯江書院執教的具體時間,已不可考。

另外,漳州最早的書院始於唐朝,兩宋時期,有了較大發展,創辦了古屏書院、浙山書院、丹詔書院、傍江書院和九侯書院等。明代時期,漳州興辦書院之風再次風行,明末著名學者黃道周曾在漳州講學。漳州的紫芝山,又名芝山、登高山,位於漳州市區的西北角,是漳州的主山,相傳明洪武年間芝山上發現紫色的靈芝,認為是祥瑞的徵兆得名為「紫芝」山。

紫芝山,又名芝山,是漳州府城文化的發祥地。自州治移至此地以後,芝山上寺院星羅棋佈,

漳州五大禪寺，有三座位於芝山，唐宋時代的書院，明清時代的試院，清末民初的新式學堂，現代的漳州師範學院和當代的重點中學都設在芝山。

清代從康熙年間開始，歷經雍正、乾隆、道光各朝，漳州又新建或重修了許多書院，芝山書院就是其中之一。芝山書院舊為「龍江書院」。宋紹興間，朱熹任郡守，愛此臺之勝，講學於此。寶慶元年(1225)，郡守危積拓開元寺而成書院，名曰「龍江」，祀朱子。

在地方的記載中，多部地方志書中均有對呂世宜的記載，如清道光時期所編《廈門志》、民國版《廈門志》、清道光版《金門志》、新編《同安縣志》、[民國]《臺灣通史》等。在這些地方志書

中，主要論及了呂世宜的簡要生平與學術、性格方面的特點，可見呂世宜在閩南與臺灣地區頗負盛名。

民國版《廈門志》二十四卷儒林傳有呂世宜一章，對呂世宜的生平做了概括描述：

…世宜博學多聞，與莊中正、林焜熿鼇聲庠序間。道光壬午領鄉薦。性好古，通許氏《說文》及金石之學。時觀察使周凱聘高澍然主講玉屏書院，俱以能古文稱。世宜時常切劘，文筆警峭，類王半山。家藏石版甚富，見有真跡，輒傾產求之。時淡水林氏國華、國芳兄弟，以富聞里閈，銳意文事，見世宜，慕之，具幣聘，且告之曰：「先生如欲求古金石，當唯命是從。」世宜遂主林氏，益搜羅三代鼎彝、漢唐碑刻，手摹神會，怡然不倦。林氏建枋橋亭，園楹多其手筆。晚年自作壙志，書小楷，刻硯背，預囑家人以硯殉…世宜嘗為林硯香書四十九石硯銘，閱者疑為古器物銘，復為書四十九石山房刻石縮本，節臨秦、漢以來金石文字凡五十餘種，字小如蠅頭，筆老如鐵錐。子登元，光緒年間舉人。（廈門市地方志編纂委員會編，[民國]《廈門志》第二十四卷儒林傳，1999）

　　上文雖僅短短三百字，概括了呂世宜一生最大
的幾個特點。一是提到呂世宜與莊中正、林焜熿
蜚聲庠序間，他們三人一起在玉屏書院，師從高雨
農、劉五山、周芸皋學習古文義法，故玉屏書院的
經歷是呂世宜人生重要的階段之一。

　　之後提到呂世宜對金石收藏的癡迷以及渡臺因
緣，最後提到呂世宜的兩件代表作品：自作墓記硯
和四十九石山房刻石。對於呂世宜的學術成就和領
域，上文提到他擅長語言學（通許氏《説文》）和
金石學。

　　新編《同安縣志》三十八卷《人物》，對呂世
宜的學術道路和性格則有比較詳細的描述：

　　呂世宜，字西村，又字可合，號種花道人，同
安縣嘉禾里人。自幼嗜學，好金石，善詩文，壯年
潛心鑽研經學。先後在漳州芝山書院、金門浯江書
院、廈門紫陽書院講學。道光二年（1822）中舉
後，視功名如糞土，應興泉永道尹周凱之聘，掌教
玉屏書院…道光十八年，臺灣淡水富豪林國華禮聘
呂世宜去臺講解金石學和篆隸書法，他為林家購置
了善本圖書數萬卷，金石拓本數十種。咸豐八年
（1858）辭世，享年75歲。（同安縣地方志編撰委

員會編，《同安縣志》第一章人物傳卷，三十八人
物，1999）

在此文中，提到了呂世宜的執教經歷：**漳州芝
山書院、金門浯江書院、廈門紫陽書院、廈門玉屏
書院、臺灣板橋林家**。這條軌跡是呂世宜人生中絕
大部分活動的範圍，即閩南與臺灣地區，也是他一
生從事文教事業的主要脈絡。此外，此文也點出呂
世宜對於書法方面的熱愛與貢獻，特別提出他在隸
書與篆書上的成就。最後，此文對於呂世宜及其書
法在閩臺兩岸的影響，也略有提及，這是從文化方
面研究呂世宜的重要角度。

連橫在《臺灣通史》卷三十四列傳六中，對呂
世宜的記錄偏重其寓臺經歷：

呂世宜字西村，泉之廈門人。博學多聞，富陽
周凱任興泉永道，見而奇之。居於玉屏書院，與
莊中正、林焜熿等有名庠序間，嗣舉鄉薦。性愛金
石，工考證，精書法，篆隸尤佳。家藏碑版甚富，
見有真跡，輒傾資求之。當是時，淡水林氏以豪富
聞里眈，而國華與弟國芳皆壯年，銳意文事，見
世宜書慕之，具幣聘。且告之曰：「先生之志誠可
嘉，先生之能亦不可及。今吾家幸頗足，如欲求古
之金石，敢不唯命是從。」世宜遂主林氏，日益搜
拾古代鼎彝，漢唐碑刻，手摩神會，悠然不倦。林

氏建枋橋亭園，楹聯楣額，多其書也。又求善工刻
所臨篆隸，未竣而卒，歸葬於里。是時詔安謝穎蘇
亦主林氏，以書畫名。（連橫，《臺灣通史》卷三十
四、列傳六，商務印書出版社（北京），2012年第1
版，第720頁）

　　根據連橫在《臺灣通史》的記載，呂世宜赴臺
與其對金石的癡迷是密不可分的。板橋林家投其
所好，給呂世宜提供了良好的金石學收藏的資金支
援，以及供應研究金石學的環境，而呂世宜也有了
發揮所長的舞臺，這對文人來講，是十分難能可貴
的，同時，間接給林氏家族帶來深厚的金石學及書
法的影響。

　　綜上所述，當時，世人對呂氏評價為不喜功
名、自然灑脫的處世之道。這對閩臺兩岸的學者在
呂世宜的足跡及文獻資料搜集中，我們可以根據記
載，揣摩一二。

　　另外，相傳呂世宜美鬚髯，曾做《我我周旋
圖》，好友高澍然為呂世宜題贊：

　　髯，海上人，呂其姓，世宜其名。精篆隸，能
古文，有名於時。交遊附聲，往來金、廈二島間，
坐客滿焉。髯不勝其嬲，思逃名去，作「我我周旋
圖」喻意。余見而喜之，為作贊曰：「夷望望去，

惠由由偕。不夷不惠，莫往莫來。」余問髯，何以能離世而獨立，髯曰：「我之道，在材與不材。」（高澍然，《抑快軒文集》卷四十二‧揚州：江蘇廣陵古籍刻印社，1998，第1199頁）

高澍然所題贊勾畫出一個生動的呂世宜形象，顯示了其性格上有遺世而獨立的灑脫自然，讓我們對呂世宜的性格有了進一步的瞭解，可惜坊間及文獻到目前為止，尚未發現有呂世宜的相關畫像傳世。

上文中的「**材與不材**」典出於《莊子‧外篇‧山木》，説莊子行於山中，見一大樹枝葉盛茂但伐木者卻並不砍伐，原因是伐木者認為它沒什麼用處。山中大樹因為不成材得以免遭砍伐，這給了莊子靈感。莊子認為，成材與不成材之間的狀態，恰恰能夠免於拘束，因為這個狀態與合乎大道卻不是完全和以大道的真理相呼應。

呂世宜「**材與不材之間**」的處事原則，在他一生的許多方面都可得到印證。比如他參加科考，但是卻不願為官；比如他以傳授科舉之業為生，卻是為了支持金石書法的愛好；比如他結交名人文仕，卻不是為了功名利祿。因為有這種「材與不材之

間」的處世之道，呂世宜才能保持他學術上的個人
追求，才能保持「不翁」的清高秉性。

　　福州籍收藏家、學者楊慶琛曾作《將歸榕城留
別鷺江諸君子》，詩中特別表達了力勸呂世宜往公
職發展之意，但是呂世宜並未接受：

　　芸館秋澄朝校字，竹林月霽夜傳觥。
　　遲君同作春明客，萬樹宮花聽曉鶯
　　（孫儀國都尉、呂西村孝廉，西村未赴計車，

余力勸之）。（楊慶琛，《絳雪山房詩鈔》卷九，清道光二十八年刻本，同治三年刊本，第10-11頁）

在呂世宜自作墓記中，他也顯示了無意仕途，不喜科舉之意，甚至自揭其短，坦言自己的翰林院典簿是友人幫忙捐的：

閱所習舉子業，輒不滿曰：不異人意。燧之…其加京官翰林院典簿銜，乃友人林君樞北為之請，非其志也。（吳鼎仁，《西村呂世宜》，金門縣文化局，2004，第14頁）

呂世宜晚年更是自號「不翁」，稱他人說「是」，自己則說「不」，不喜與人同。由此可見，呂世宜雖然曾輾轉執教於閩南地區的書院，目的明顯不是為了科舉出仕，更多是他自己所說的「因益貧」，只好「為舌耕」。

另外，世人對呂氏評價為嗜古成癖、鑽精考據，但不泥古的治學之道。這點從呂世宜同時代人對其評價及本人所作墓記都可看出，呂世宜好古嗜古成癖，擅長古文，在文字學與金石學研究上享有盛名。

陳慶鏞，字乾翔，號頌南，泉州人，清道光十

二年登進士第，官至監察御史。陳慶鏞與呂世宜素有交往，在其著作《籀經堂類稿》中給予呂世宜很高評價，尤其推崇西村的文字訓詁與古文：

> 吾友西村，嗜學好古，讀書自束髮識字，寢饋凡四五十年。治經先以聲音訓詁，其於一詞一字，古注有異同者，必明辨而縷分之。讀史則博綜上下，判黑白，別是非，故其搖筆纏纏數千言，其簡處則又一語不苟下。余觀其論澠池，論與夷，及擬昌黎、伯夷頌，答李詡、衛中行、呂隱山人諸作，識見高卓，即起唐、宋諸賢，亦莫不傾至。所撰碑誌及傳記，動與古會，出入經史而不自知。（廈門市地方誌編纂委員會辦公室編，《廈門市志》（民國）卷二十二藝文志，1999，第482-495頁）

古文大家高澍然對呂世宜的古文造詣也十分誇讚，他在《將之廈門答呂西村書》中說到：

> 澍然前兩讀大著，傑然自拔於流俗，深喜吾鄉學古文有人，又以不得並一處為患憾，蓋古文道久衰息，吾鄉尤甚…（高澍然，《抑快軒文鈔》，福建省師範大學圖書館藏，第109-110頁）

咸豐四年（1854）五月，呂世宜自作墓記刻於硯背，越年而卒，用以陪葬。墓記中，呂世宜對

自己「嗜古如饑渴之於飲食」進行了生動的自我剖析：

> ⋯而嗜古如饑渴之於飲食，遇古圖書、古彝器、金石刻、奇書妙畫、名研名印，必拮据致之。積四十載，凡得書若干、藏器若干。樞北君弟小山愛之，贈以二千金，人為翁喜，翁曰：子謂我幸而得之，我蓋不幸而失之；我半生有用精神，蓋銷磨於此也，人又以為翁愚。
>
> 刻文抄六十餘篇，筆記三卷貽人，人無有寓目者，翁晒曰：是真不可時施耶？其不自知其非也又如此。病且篤，猶日以所著：《古今文字通釋》十四卷、《歷代碑帖題跋》一卷、《千字文通釋》四卷未刊，囑其友誠甫與其徒守謙，語剌剌不能休，翁殆九死而未悔者歟！（吳鼎仁，《西村呂世宜》，金門縣文化局，2004，第14頁）

此墓記作於呂世宜去世前一年，他心心掛念《古今文字通釋》、《千字文通釋》這兩部文字學心血著作與《歷代碑帖題跋》未能出版面世，深切囑咐其友人弟子，可見其「嗜古如饑渴之於飲食」，對學術的癡迷與投入。

呂世宜是好古嗜古、師古但不拘泥於古的文人，他認為作書一須人品高、二須師法古、三須用力勤，研究學術是為個人志向和興趣，而不是為了科舉考試與出仕。

林樹梅是呂世宜的好友，同為周凱的弟子，為呂世宜《愛吾廬筆記》所作跋中評價呂世宜學術上對自己的要求高，但是考古並不泥古：

先生授徒鄉里，以高致稱。嘗自署兩壁間，曰：「讀書宜略識字，立品只爭為人。」故其著作說經、說字，一皆根求理要，必考諸古，亦不囿於古。（呂世宜撰，廈門市圖書館校注·《愛吾廬匯刻》，廈門大學出版社，2010，第168頁）

呂世宜嗜好金石，但是收藏和研究金石所費不貲。在前半生，呂世宜靠微薄的教書收入購買古字畫、金石彝器、硯石等，但因收入有限，數量較之在臺灣相比，遠為不及。而板橋林家財力雄厚，呂世宜在臺灣流寓期間，正是有了板橋林家的財力為支撐，才有可能很好地發展自己金石的愛好。同時通過大量接觸古代珍品，呂世宜的藝術境界得到了提升，這對他的金石書法與研究來說，具有重要的意義。

　　從另一方面來說，板橋林家和呂世宜是相互促進、相互得益的。因為呂世宜結束在林家的工作返回廈門後，將搜集的金石作品都留在臺灣，影響了當時林家，甚至是臺灣學子對於金石學的研究風氣。可以說，呂世宜的治學之道與他的教學生涯相融合，產生最大的影響不是在廈門，而是在臺灣。

第三節 父親—呂仲詣

　　從呂世宜祖母謝氏開始，到呂世宜父親仲詣，都以孝節聞名鄉間，被記載傳誦。《廈門志》烈女傳中有呂世宜親祖母的事蹟：

　　謝氏，小走馬路呂國典妾也。大婦陳氏生三子，皆夭折。國典賈於外歿，越三月，陳亦卒。是時謝年二十七，子仲詣方四歲、女十歲；四壁蕭然，二卹不給。謝守之，卒以成立。大婦善病，事之無弗至；又患足瘡，親為搔洗，日再三。及病篤，枕之以臂，屏息勿敢動；陳泣曰：「我不幸無子，惟而善我。我死，必使而子事而如而事我也」。言已而歿。謝年八十五，守節五十八年；使者恩普旌之。子仲詣，以孝聞；孫世宜，舉人。（廈門市地方志編撰委員會辦公室整理，道光《廈門志》卷十四列女傳，1996）

　　《金門志》中提及過筆者祖上霞湖呂開妻子陳氏的孝節事蹟，值得一提的是，在此記錄中也提到了呂世宜祖母（謝氏）：

　　陳氏美娘，塔後人；霞湖呂開妻，舉人世宜之族也。年二十八，夫病歿，以奉親撫孤為託。矢志守節，事翁姑盡禮，撫幼子三人俊修讀書成立。同

治元年氏卒，年六十。平和莊中正為撰傳。**世宜祖母，亦以節孝稱。**（林焜熿，《金門志》卷十三列女傳，臺灣歷史文獻叢刊，臺灣省文獻委員會，南投縣，1993）

綜合以上記載，可知呂世宜祖父呂國典，妻為陳氏，妾為謝氏（呂世宜親祖母）。呂國典歿於外地，時年謝氏二十七歲。陳氏生子三人，皆夭折，謝氏生一子一女，子呂仲詁（呂世宜父親）。

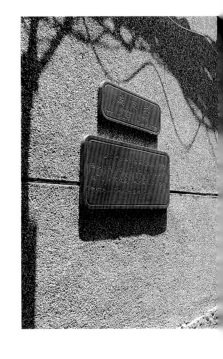

呂世宜父呂仲詁，有孝名，道光《廈門志》卷十二將其收入「列傳四‧孝友」：

呂仲詁，字謙六。居「小走馬路」。少孤。事節母謝至孝，凡力所能逮，靡弗至。母病，仲詁年亦衰，猶旦誦經，為母禱者十餘載。母歿，哀毀骨立，若無所依。值生辰，家不置酒，自往墓次祭，遠墓而泣。聞者悲焉。初母治家嚴，仲詁毋敢忤。或不懌，率妻孥跪堂下。鄰嫗過者，咸歎息，勸慰。命之起，然後起。時年已四五十。子世宜，

道光二年壬午舉人。(廈門市地方志編撰委員會辦公
室整理，道光《廈門志》卷十二列傳孝友，1996)

　　上文的「小走馬路」位於廈門市中山路附近，
該名稱至今仍然保留使用，從巴黎春天百貨旁臺階

走上去就是了。傳
説這一代過去都是
山路，鄭成功在此
練兵時經常在路上
跑馬疾馳，路名由
此得來。

　　呂世宜故居的
廈門中山路鹽溪街
九十八號，相傳離
「小走馬路」並不
遠。在《金門志》
卷九《人物列傳》
孝友中提到，呂世
宜祖父呂國典(呂
開)開始，從金門
西倉移居廈門。

　　呂仲詰，字謙六；西倉人，隨父國典移寓廈
門。少孤，生母謝氏撫之成立。母多病，仲詰持
齋以禱母壽。先意承志無敢拂，不懌則長跪。及

母卒，哀毀骨立；既除服，猶時往墓次涕泣。道光間，當道上其事，奉旨旌表。子世宜，舉人；孫曾多遊庠。（林焜熿，《金門志》卷九，人物列傳（一），孝友，臺灣歷史文獻叢刊，臺灣省文獻委員會，1993）

陳慶鏞作有《呂孝子傳》一文，對呂仲詁的孝行記錄十分詳細，讀之感人至深。並且，文中還對呂世宜的祖父、父親、兄弟等進行了簡單的記錄，有助於我們瞭解呂世宜家族的關係：

　　孝子諱仲詁，字謙六，浯江里人也。祖敏文，
僑於廈居焉。父國典、母陳氏，因母謝氏。孝子生
有兄三人，相繼卒，尋嫡母卒，父亦卒。煢煢依謝
為命，受撫育教誨，幼知承志，常做九齡溫席，
長服勞奉養，每籩必親自潔修，朝夕問所欲，苟有
可致之物，畢力圖之。母善病，齋戒沐浴為所禱，
禱輒應。偶有慍，則率妻孥葡匐伏膝前跽曰：「兒
有罪、兒有罪，不能致母歡，轉以增母怒，不可為
人，不可為子。」聲謷謷，肩向杖，少選作笑，逡
巡側而行，為嬉戲狀，母命之乃起。少而然，壯而
然，老復然，年介五十如孺慕，人之見之者咸以為
老萊子復生也。母歿，泣血三年，若窮人無所歸。
每值己誕日，必具雞黍致祭於其母之墓，繞而奠，
奠而哭。即遇暴風大雨，到期必至，哀哀誦蓼莪之
章，淒慘異常，不忍卒聽。卒年六十有五，子三，
長世宜，道光壬午科舉人，翰林院典簿銜，次世
仁、世儼。孝子積性長厚，嘉言絜行溢譽於里閭，
所可採者，美弗勝錄。第即其著於家庭奉養之常，
事甚易而行甚難者，書之以為世風。（陳慶鏞，《籀
經堂類槁卷十九》一五二三，集部，別集類，《續
修四庫全書》2002.03，第一版，上海：上海古籍
出版社，第30-31頁）

　　呂仲詁孝親之感人，不但日常照料尊重，更有
老萊子彩衣娛親的遺風。不止陳慶鏞有作《呂孝子
傳》，從林樹梅《題呂孝子傳後》詩可知，還有林

一枝、劉儀也為呂仲詰作過傳，但現已佚：

> 孝子諱仲詰，字謙六，舉人世宜之父。同里林
> 一枝、武進劉儀，皆為之傳。（林樹梅撰，陳國強校
> 注，《歗雲詩文抄》，廈門市圖書館編，廈門大學
> 出版社，2013，第318頁）

林樹梅《題呂孝子傳後》說到「母賢子亦賢」
，是對呂氏家族的優良家風的精確概括：

> 凤聞孝子名，至行感閭里。今讀《孝子傳》，肅然生敬止。
> 孝子幼而孤，母嚴教以禮。母或色不怡，長跽不敢起。
> 深懼母病嬰，籲禱天降社。齋素終母身，孺慕弗能已。

既葬繞墓號，兒今無母矣。嗚呼非母賢，無以成其子。
母賢子亦賢，直筆無溢美。誰能為之文，林劉古良史。
（林樹梅撰，《歗雲詩文抄》，陳國強校注，廈門市
圖書館編，廈門大學出版社，2013，第318頁）

第四節　母親—黃孺人

呂世宜與其父一樣，同樣十分孝順，在母親去
世後，拜託恩師周凱為其母撰墓志銘，並親自書
寫，可見其愛母之心。筆者在廈門市圖書館發現館
藏《呂母黃孺人墓志銘》，為篆、楷二體，現摘錄
如下：

黃孺人，孝子呂仲詰之妻，余友世宜之母也。
父伯玉，世居廈門，年二十為呂氏婦。呂君事母以
孝聞，余載入《廈門志》，其左右之者寔惟孺人。
孺人柔惠恭儉，姑謝孺人性嚴，家人過，輒對案
不食，呂君跪，孺人抱諸子亦跪，咲啼繼之，必姑
歡乃起。孺人歸六年未有子，為呂君兩置妾，先後
生子□五殤其二。呂君沒，妾子呂嚴尚幼，孺人□
而泣曰：「父死子幼，痛當奈何！」謂世宜曰：「
此子弱女，父所鍾愛，其善教養之。」…婦生孫安
徐，孺人已病臥床褥，每棄其首曰：「阿徐阿徐，
吾不能抱女矣。」年七十耳目聰明，猶事女紅，一
裘一衣，十年不更制。待下恩而有禮。子三人，長
世宜，壬午舉人；次世仁，出嗣，孺人出；次世
嚴，庶出。孫五人，安行、安□、安暉、安循、安
徐。生於乾隆丁丑年十月十四日，卒於道光甲午年
三月十一日，春秋七十有八，以其年五月□葬雲頂

112

岩留雲洞…（《呂母黃孺人墓志銘》，清拓本，廈門市圖書館發現館藏）

從以上謝氏、呂孝子、黃孺人的傳記和墓志銘中，不但可以瞭解呂世宜祖母、父親、母親的事蹟，還可間接知道呂世宜兄弟、後輩的一些資訊。

另根據〔民國〕《廈門志》二十四卷儒林傳有呂世宜一章，最後提到其子呂登元，是光緒年間的舉人：

◆（圖：呂母黃孺人墓志銘，筆者拍攝於廈門市圖書館）

子登元，光緒年間舉人。（廈門市地方志編纂委員會編，〔民國〕《廈門志》，儒林傳，第二十四卷）

《同安縣志》卷三十八人物第三章人物表歷代進士名表《文科進士名表》中記載有：

光緒十一年乙酉解元童子浚榜，呂登元，廈門。（同安縣地方志編纂委員會編，《同安縣志》第三章人物表，卷三十八人物）

我們大體可以知道：

呂世宜祖父：呂國典（字敏之）

呂世宜祖母：陳氏、謝氏

呂世宜父親：呂仲詁（字謙六）

呂世宜母親：黃氏

呂世宜兄弟：呂世仁、呂世儼

呂世宜兒子：呂登元

根據黃孺人墓誌可知其孫輩五人為：安行、安□、安暉、安循、安徐，但無其他資料佐證具體是呂世宜、世仁、世儼誰所出。

列表表示如右：

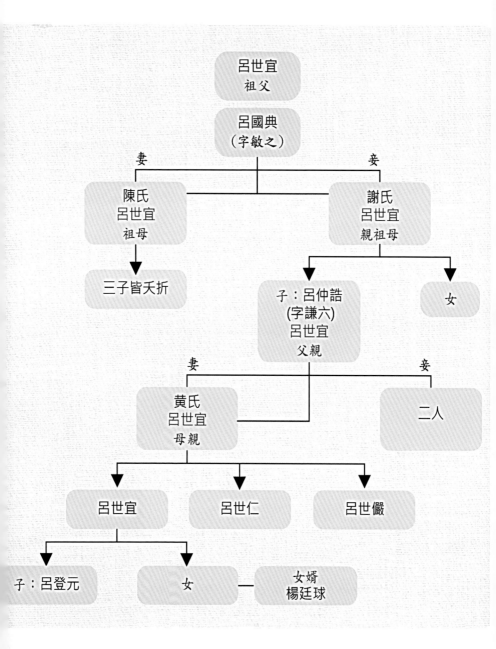

第四章 呂世宜的交遊

第一節 業師—周凱

　　談到呂世宜的師承和交遊，不得不提其師周凱。周凱，字仲禮，號芸皋，浙江富陽人，乾隆四十四年（1779年）生，嘉慶十六年（1811年）進士，歷任編修、國史館纂修、湖北襄陽知府、湖北漢皇德道、福建興泉永道、臺灣道等。擅長古文與畫，著有《內自訟齋文集》、主持修《廈門志》、《金門志》。

　　呂世宜赴臺，除了與恩師周凱有很大關係之外。直接原因則是與板橋林家的相交。當時，呂世宜恩師周凱曾任襄陽知府，後來閩區，任興泉永道，道光十六年卸任，東渡臺灣，任按察使銜分巡臺灣兵備道。

　　呂世宜《董思白楷書伯夷列傳跋》一文中有提到：

　　此《伯夷列傳》為張思若所鑒賞，天真浪漫，神采奕奕，與友人林樞北家藏《誥命》長軸絕相似。（呂

世宜撰，廈門市圖書館校注，《愛吾廬匯刻》，廈門大學出版社，2010，第204頁）

　　在此文的後記「壬辰十二月小除夕記」，可見，呂世宜在道光十二年就有與林氏交往。

　　當年，呂世宜熱愛金石、工考證、精書法的美名，在臺灣已經得到一定程度的傳播，根據連橫《臺灣通史》記載：

　　當是時，淡水林氏以豪富聞里閈，而國華與弟國芳皆壯年，銳意文事，見世宜書慕之，具幣聘，且告之曰：「先生之志誠可嘉，先生之能亦不可及。今吾家幸頗足，如欲求古之金石，敢不唯命是

從。」世宜遂主林氏。（連橫，《臺灣通史》，商務印書館，2010，第720頁）

　　雖然林氏邀呂世宜赴臺為西席，具體時間無文獻詳細記載。但根據吳守禮在《呂世宜西邨先生研究資料 臺灣林本源家文物及資料合編》中分析說：

　　關於呂西村過臺之契機，林本源家族後裔林朗庵曰：至於西村先生之受聘林本源家果在何時？又何時來臺灣？雖無明確記錄，然當時之林家主人國

華、國芳兄弟為林家徙臺後第三代，承父平侯遺
業，往來臺灣、廈門之間，為兩地官、民重視的人
物。先生之受聘為家庭教師，當在此時間。因為周
凱於道光十三年以興泉永道兼臺灣兵備道，來臺處
理張丙亂後事宜，頗與林家往來，先生疑其所薦
也。

　　此分析見於林朗庵所著《臺灣金石學導師—呂
世宜》一文。吳守禮並推測，呂世宜渡臺期間大約
在五十四歲至七十歲的十五、六年之間。但根據林
朗庵先生推測，呂世宜離開臺灣歸鄉的時間不能確
定。根據林維源刊行的《古今文字通釋》在光緒五
年的序文中說到：先生歿世將二十年云云，由此推
之，其逝世或在咸豐八九年間，又其享壽亦當在七
十五、六左右。

根據金門吳鼎仁先生的分析，呂世宜東渡臺灣應在道光二十一、二年。並提出呂世宜東渡臺灣可分為兩種機緣：

一、因師承周凱。道光二年，呂世宜三十九歲鄉試中舉人，居廈門玉屏書院，盛名播於同儕之間。道光十年，周凱任廈門興泉永道駐守，與呂世宜一見之下，大為賞識。因呂世宜聞名於廈門在地，廈門林家聞其名，聘為西席。道光十三年，周凱以興

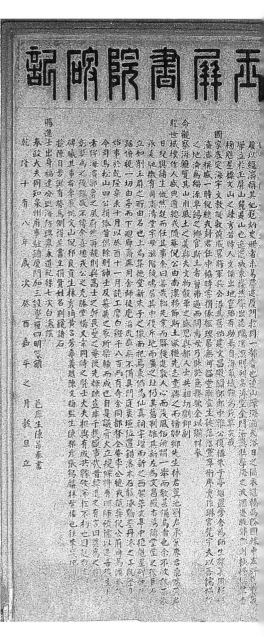

泉永道兼臺灣兵備道赴臺，處理張丙亂後事，與板橋林家往來，產生日後引薦呂世宜受聘臺灣的機緣。

　　二、則是周凱生前每望西村渡臺侍奉左右，直至道光十七年，周凱歿於臺灣任內。呂世宜按照周凱師遺命，東渡臺灣，追尋老師遺蹤。並且，林家林國華之子林維源、林維讓自幼已經師從呂世宜，在呂世宜東渡臺灣之前，已經結識於廈門林家宅中，故與林家子弟早已熟識。

　　依上述說法，道光十八年（1838）左右，呂世宜赴臺，教於板橋林氏家族。當時臺灣士子讀書求學，大多是為了科舉仕途之計，但是呂世宜帶來了許多金石拓本等書籍，打開臺灣學界眼界。在臺期間，便在林氏家族的支持下，呂世宜收藏了許多古籍碑帖，據稱書籍達數萬卷，金石拓本千餘種。呂世宜返回廈門後，這些資料全部留在臺灣，當時人稱「坊間流傳之善本舊拓，多為林家舊藏。」呂世宜在臺灣傳授金石書法學，提倡風雅好尚，功不可沒，所以後人尊呂世宜為臺灣金石學導師。

　　關於周凱主要生平，可見吳德旋作《周凱墓誌銘》中記載，錄道光《廈門志》中：

　　公生有異秉，善屬文，膽識略。嘉慶十六年辛未成進士，改庶吉士，散館授編修。二十年乙亥丁

外艱。二十二年戊寅服闋，供職翰林。道光二十年
壬午以京察授湖北襄陽府知府。六年丙戌遷江西
督糧道，未上事，遷湖北漢黃德道。七年丁亥丁內
艱。十年庚寅服闋，授福建興泉永道。十三年癸巳
權臺灣道。十六年丙申遷臺灣道。十七年丁酉七月
三十日以疾卒於官，年五十有九。（何丙仲編纂，廈
門碑志彙編，中國廣播電視出版社，2004年7月，
第590頁）

高澎然在《周公祠記》中也有寫到周凱為官時
的為民之舉：

今觀察富陽周公初由編修守襄陽，教民種桑，
與習池水利，衣食襄民；分巡漢黃德道，築堤京
山，扦漢水，皆百世之利。聲聞天子，會公母喪外
除，詔起公今職，以道光十年冬十一月至任。公庸
頑馴暴，信賞必罰，正己帥屬，咸就約束。二府一
州，頓易觀聽。廈門密近公化，如戴二天。制府程
公累以海疆可倚之員入告，故六年不遷，而公之政
成。（何丙仲編纂，廈門碑志彙編，中國廣播電視出
版社，2004年7月，第61頁）

從上面兩則周凱的簡單生平可看出，在為官方
面，周凱在福建和臺灣主要政績有賑災、平民亂、
募建義倉、振興書院等事蹟。

　　《周凱墓志銘》說到周凱在福建為興泉永道時，就已平了積弊數百年的民間械鬥之亂，權臺灣道后，又在嘉義匪亂治理上有功：

　　及為興泉永道，以漳、泉民俗習械鬥，弊積數百年。然苟能清其原，正其本，以實心徐圖之，未有必不可除之弊也。公之奉大府檄權臺灣道也，承嘉義匪徒張丙亂后，時則道光十三年七月。（何丙仲編纂，廈門碑志彙編，中國廣播電視出版社，2004年7月，第590頁）

　　上述關於周凱在臺灣的政績，在《重修臺灣省通志》中概括分為三點，其中平定民亂也是重要一項：
一、道光十二年（西元一八三二年），澎湖大飢，奉檄查賑。
二、道光十三年（西元一八三三年），權臺灣道。
三、道光十六年（西元一八三六年），復權臺灣道，同年，嘉義沈知起聚眾起事，凱與總兵達洪阿平之。（黃典權、林文龍、莊永明、李國俊、邱正略編纂，《重修臺灣省通志》（卷九）人物志人物表篇，臺灣省文獻委員會編印，1998年6月，第77頁）

　　另外，周凱在學術上以古文與畫聞名。《周凱墓誌銘》中論其畫：

餘事尤精畫理，宗師造化，自成一家，故其所作諸畫，人傳最工，曰「此亦性情之所寓也。」（何丙仲編纂，《廈門碑志彙編》，中國廣播電視出版社，2004年7月，第592頁）

而在古文方面，周凱屬於陽湖派。陽湖派為清代古文流派之一，源於桐城派，開創者惲敬、張惠言，二者都是周凱的老師。而桐城派在清代的古文流派很具影響力，其開創者為同為安徽桐城人的方苞、劉大櫆、姚鼐三位大儒，受曾國藩推崇三人之古文辭，提出「桐城派」這一說法，從此流傳至今。

「桐城派」是提倡古文的學派，尤其是針對先秦、兩漢、唐宋時期的文章，主張「義理、考據、辭章」並重的「義法」說。所以，在陽湖派中，周凱師從惲敬、張惠言，是較有影響力的陽湖派一員。

而且周凱在閩南和臺灣地區，振興學院、重振文風，受到時人稱讚。當初呂世宜師從周凱，就是源於周凱在廈門重修玉屏書院的舉動。

高澍然《周公祠記》中說到周凱重修玉屏書院，在廈門重振文風之事：

先是，廈門有義倉貯穀四千石，玉屏書院積六千金，歷久日耗。公曰：「書院經理非人，宜其蝕也。其屋敝漏不能棲，學者僅月兩課應故事，何異虛設？」…其書院，創認修法，占地程功，可期堅好。公於提督陳公化成同修文昌祠為倡，一歲落成。選公正者司出納，充以罰款，漸復厥舊。公時至院與諸生講習，諸生住院者數十人，弦歌不絕。公兼授古文義法，於是廈門有古文之學。（何丙仲編纂，《廈門碑志彙編》，中國廣播電視出版社，2004年7月，第60頁）

在《周凱墓志銘》也有寫到，其年少時，師從陽湖派的兩位大家（惲敬、張惠言），後在為官從政之餘，也沒有放鬆對於古文的追求：

初，公年近弱冠時，陽湖惲君子居宰富陽，甚器公，導之執經武進張君皋文之門。二君皆以文章名世者，公承其指授，已有端倪。后在詞館與房師三韓佟公鏡堂及同志數輩講程、朱之學，於文未究其業。及受襄陽，始以治事之暇兼治文。至為監司闐中，值武進劉君五山、仁和陳君扶雅并在闐，并喜為文。公時以文商榷。而光澤高君雨農方以其鄉先輩梅崖朱氏之學倡導後進，公延至廈門書院，與群士之茂異者相且劇，學日進，自視欿然若不足也。（何丙仲編纂，《廈門碑志彙編》，中國廣播電

金門名士呂世宜藝文研究

視出版社，2004年7月，第590頁）

　　周凱雖然才年長呂世宜五歲，但是他卻是呂世宜尊敬的良師。在學術上，呂世宜學習周凱的古文，在生活上，呂世宜也十分尊敬周凱。

　　因此在玉屏書院期間，呂世宜隨同周凱以及其他玉屏書院學子，在廈門留下了許多足跡。比如，在廈門白鹿洞及南普陀寺，僅僅相隔幾日，就留下了他們賞遊的題記。

　　白鹿洞的題記為：
　　大清道光十二年，歲在壬辰，七月七日辛亥，興泉永海防兵備道富陽周凱、刑部郎中侯官楊慶琛、世襲騎都尉龍溪孫雲鴻、壬午舉人同安呂世宜、國子監生海澄葉化成來遊，冒風登觀日臺。周凱題石。（何丙仲編纂，《廈門碑志彙編》，中國廣播電視出版社，2004年7月，第644頁）
　　南普陀寺的石刻為：

　　大清道光十有二年，歲次壬辰，黍月五日己酉，富陽周凱、侯官楊慶琛、龍

126

溪孫雲鴻、同安呂世宜、海澄葉化成同遊，**世宜隸石**。（摘錄于廈門南普陀）

　　所以，呂世宜拜周凱為師，傳承其陽湖派古文文風。關於周凱對呂世宜的古文是否滿意？這從呂世宜多次為周凱代筆寫文章可以看出。比如，呂世

◆ 圖：金門浯江書院

宜曾替周凱代作《惠安縣志序》、《國子監生王心田妻周孺人墓志》等文章。因此可知，呂世宜與周凱結緣，源自周凱重修玉屏書院，呂世宜被聘為教席。

　　一開始，兩人學術交往就源自對古文的相同興趣。呂世宜以自己的文章求教於周凱，周凱為其評注，發展到後來，周凱一旦有文章脫稿，就附上相關文章，交給呂世宜閱讀註釋，於是在周凱去世後，其贈給呂世宜的書冊已經有數百冊。除了親自指導呂世宜的古文外，周凱還推薦自己的師友給呂世宜，讓呂世宜精進古文研究。呂世宜得以和高雨農交流古文、金石，就是周凱所引薦的。

此外，周凱還推薦呂世宜到書院教學，解決其生活困難。周凱在道光十六年五月曾作《浯江書院碑記》，寫到：

金門書院，宋有燕南，元有浯州，明無考，今日浯江，建國朝乾隆四十六年。……余繼倪公任，督課亦六年矣。（何丙仲編纂，《廈門碑志彙編》，

中國廣播電視出版社，2004年7月，第168頁）

　　呂世宜也有在金門浯江書院從事過教席，就是周凱所引薦的（紫陽書院的講席也是周凱所薦）。他們的深厚情誼，可從呂世宜為周凱所寫的《祭芸皋夫子文》中一見，其感情十分悲切：

　　嗚呼，夫子！世宜今日乃以文哭我夫子耶？乃不獲以文面質我夫子耶？乃卒無所成就、徒以一哭謝我夫子耶？世宜事夫子七年矣，德不加修，學不長進，是大負夫子也，夫何言？雖然，世宜自受之於子，夫子所以待之者，實有固結而不可解者，又烏能已於言？（呂世宜撰，廈門市圖書館校注，《愛吾廬匯刻》，廈門大學出版社，2010，第67頁）

　　周凱之待呂世宜，如師如友，教其規矩詩文，還轉薦劉五山、高雨農等名士指導。周凱任興泉永道期間掌握玉屏書院，便特別注重文教與學術，積極聘用有才之士到書院擔任主講。呂世宜投入周凱門下後，也加入玉屏書院的學術圈，後來，在周凱影響下，呂世宜還受板橋林家之聘，遠赴臺灣教學，可見周凱對呂世宜的一生影響很大。

第二節 友人—林樹梅、高澍然等

友人—林樹梅

從金門一著名文物「魯王墓」，其和呂世宜、周凱以及呂世宜友人林樹梅等都有關。在金門《魯王墓墓碑》能看出，其碑為周凱所題，背後的碑記也是周凱所撰，並親手所書。

碑正面題字為：

大清道光十六年歲次丙申四月建，明監國魯王墓，福建興泉永道富陽周凱書。

背後所提碑記為：

王諱以海，字巨川，明太祖十世孫。崇禎甲申，襲封魯王。乙酉，監國紹興。師潰，鄭彩自舟山迎王入閩，居中左所。鄭成功修寓公之禮。戊子，居閩安，頒監國三年曆。有興化以南二十七州縣，旋失。癸巳，去監國號，居金門，凡十年。壬寅，成功死，海上諸臣議復奉王監國。會王得哮疾，於十一月十三日薨。生於萬曆戊午五月十五日，年四十有五，葬於城東王所嘗遊地。野史載成功沈王於海，又稱王薨於海外，皆傳訛也。沈太僕光文挽王詩序云：墓前有大湖。按之，即今鼓岡

湖，去墓里許。湖南多石。鑴王手書「漢影雲根」
四字，並從亡諸臣題詠。知王嘗遊息於此，則墓在
金門無疑。惜久湮失。林君樹梅訪得之，凱於分巡
閩，為樹墓碑，禁樵蘇，加封植焉。懼其久而復湮
也，為記於碑陰，願金門士人歲時祭掃，共保護
之。（抄錄自金門魯王碑）

　　在周凱所撰的碑記中，簡單介紹了魯王的生
平，尤其是到金門的緣由，並提到魯王墓本來在金
門已經因年久湮失，是呂世宜的好友林樹梅重新發
現的。

　　魯王為何人？其為明太祖第九子的十世孫—朱
以海，字巨川，號恒山，又號常石子。明崇禎十七
年被封為魯王後，因北京陷於闖王李自成，由山東
南奔。後清兵入浙，魯王又避入舟山，從此長期活
動在浙江和福建。永曆五年（1651年）鄭成功以永
曆帝為正朔，翌年，魯王去監國號，定居在金門。
永曆十年（1656年），魯王曾移居廣東南澳，但十
三年後又返回金門，直到永曆十六年（1662年）
薨，享年四十五歲。

　　關於魯王墓的重新發現者林樹梅，他有兩則記
錄，一是《前明魯王墓圖記》文，一是《修前明魯
王墓即事》詩。

《前明魯王墓圖記》一文中主要記述了魯王的
生平及自己發現魯王墓的經過：

　　王諱以海，字巨川，明太祖十世孫。初授鎮國
將軍。崇禎甲申，襲封魯王。乙酉，南都破，督師
張國維迎王監國於紹興。丙戌，浙師潰入舟山。辛
卯，舟山陷。癸巳冬，偕瀘溪王、寧靖王及益王孫
航海至金門，依鄭成功。時芝龍已降，諭成功獻魯
王，成功弗從，徙王南澳。居三年，己亥，復至金
門。壬寅十一月薨。故兵部侍郎王忠孝葬王於金門
城東，歷年既久，無有知音。或謂沉之海，殂於跳
完，皆傳聞訛詞也。

　　道光十二年春二月，樹梅偕里父老，於金門城
東古岡湖西訪得王墓。墓前灰土築屏，稍下一墓，
形制如前，俱不封樹，土人皆稱王墓。蓋舊有三，
上以為正壙，下二為陪葬，今皆犁為田矣。乃白
觀察周雲皋師檄有司復故址。又考其始末，碑以表
之。自王墓東南半里許，即鼓岡湖。湖南羣石磊
砢，大小如鼓，故名鼓岡。岡近有石勒「漢影雲
根」字，王遺筆也。流寓諸公題詠亦鑴其下，皆明
亡人入閩依王者。當舟山城陷時，王妃陳氏投井死
節，事見全謝山《舟山宮井碑文》，而王墓弗彰。（
抄錄自金門魯王碑）

另《修前明魯王墓即事》詩寫到：

　　王諱以海，字巨川，明太祖十世孫。丙戌，浙師潰，至金門依鄭成功，以哮疾薨（於壬寅十一月十三日），葬金門城東。或謂沉之海、殂於臺灣，皆訛傳也。（道光壬辰二月），樹梅訪得王墓，加封植焉。復捐市廛祭掃，賦詩祭之。

　　蒼茫雲海憶王孫，遺骨尤存亂石根。

　　島嶼十年依故老，東南半壁望中原。

　　地經兵燹無留碣，字蝕莓苔有舊痕。

　　從此青山妥抔土，春來杜宇莫啼冤。

　　（林樹梅撰，陳國強校注，廈門市圖書館編：《嘯雲詩文鈔》；廈門大學出版社，第214頁）

　　林樹梅提出，魯王是以哮喘之疾而亡。但關於魯王死亡的確切原因，歷史研究存在分析，比如，周凱《內自訟齋文集》中有《明監國魯王墓考》一文中就有提到：

　　世傳明監國魯王薨於金門，葬後埔，墓久湮失。道光壬辰春，林生樹梅訪得之城東鼓岡湖之西。墓前合灰土為曲屏，不封樹，土人稱王墓，不知何王墓也。下一墓，形制相似，相傳瘞王從者。歲久，為耕犁所侵。林生急白凱，檄金門縣丞清界址，加封植，禁樵蘇，樹碑以表之，期於勿替。

　　凱要而斷之：成功之攻臺灣也，以辛丑三月；

◆ 圖：明監國魯王墓碑

克以十二月。其卒也，以壬寅五月。當渡臺攻取時，勝負未可知，斷無挾王同行之理。則鄧說為是。遜荒諸遺老，與寧靖王及諸王子之渡臺也，皆在鄭經襲位、二島將破之時。當在癸卯、甲辰。牧洲之作壽王詩，猶在金門也。又紀許國石青集亦有壽王詩，不載年月。而續閱書並詳記王薨之日。則似當以壬寅為是。蓋當日諸臣流離瑣尾，道途梗塞，傳聞異詞，故所載亦異詞。而墓在金門後埔，則無疑焉。（林樹梅撰，陳國強校注，廈門市圖書館編：《歗雲詩文鈔》；廈門大學出版社，第52頁）

周凱的考訂主要有兩個方面，一是魯王的卒年，他從全祖望《鮚埼亭集中的沈文光《斯庵集．挽魯王詩序》、張煌言《蒼水集》中的《與盧牧洲書》、林子濩《續閩書》、盧若騰《島噫集》中的《辛丑仲夏壽魯王》、《壬寅仲夏作泰山高壽魯王》等論定，魯王薨於壬寅冬十一月十三日，其原因是哮喘之疾。即周凱考證後認定，魯王死於鄭成功之後。周凱認證的第二個方面是魯王的墓地，他所論證的內容和呂世宜所作《魯王墓碑陰》、林樹梅《前明魯王墓圖記》相同，根據以上，可認為古崗湖旁就是魯王墓。

由於周凱是呂世宜的老師，林樹梅是其摯友，故修復魯王墓這件事，呂世宜也有參與。在呂世宜《愛吾廬文鈔》的《書明監國魯王墓碑兩側並陰》和《明監國魯王墓碑陰》有記載：

道光某某年，林君樹梅訪得之，伐石樹碑，有觀察書其陽，囑世宜書其陰，蓋慎也。若王事蹟本末，觀察有考，林君有圖、有記，刻石浯江書院，此不復紀。（呂世宜撰、廈門市圖書館校注：《愛吾廬匯刻》；廈門大學出版社，第53頁）

友人—高澍然

呂世宜的另一位老師—高澍然，高澍然與呂世宜的學術交流在兩人見面之前，就已經開始書信往來了。高澍然在《贈呂西村序》中寫道：

余未至廈門，已與西村相知，以書問互質所得無虛月。蓋昌黎所謂不相見相親也。…余與子之師芸皋先生為兄弟交，其難為別有非江文通所能賦者。然以余說通之，亦無遺憾於中心矣。(高澍然，《抑快軒文集》，揚州，江蘇廣陵古籍刻印社出版發行，1998，第199頁)

呂世宜也寫有一篇《送高雨農歸光澤序》，記載了與高澍然交往是受周凱的引薦：

…當癸巳之歲，先生於扶雅先生同修志省邸，五山先生一見，即以書相報，謂先生為當世文宗。其冬，芸皋夫子自臺陽歸，赴省與先生為古文交。歸，喜形於色，謂先生道德文章今世無二，囑世宜為文二十餘首求先生教。先生賜之教，復惠以書，是世宜未見先生時，已受知先生也。(呂世宜撰，廈門市圖書館校注，《愛吾廬匯刻》，廈門大學出版社，2010，第20-21頁)

　　高澍然，字時埜，號甘穀，晚號雨農，福建光澤人。清乾隆三十九年出生於書香之家。自幼苦讀，甚得老師讚賞。性至孝，十四歲時母死，高澍然按古禮，倚墓結廬而居，不忍舍離。遂以墓廬為書室，時哭時讀，里人為之動容。嘉慶六年，高澍然中舉人，但會試失敗，乃出資捐得內閣中書。道光九年，閩浙總督孫爾准欲重修《福建通志》，擬聘高澍然為總纂，高澍然固辭，讓給翰林陳壽祺，只就分纂之職，負責編寫《宦績錄》及水利部分。陳壽祺突於道光十四年二月病故，眾推高澍然為總纂，續成全書，共400卷。後《福建通志》稿遂被擱置交審，高澍然亦憤而辭職回里，教授學生。

　　高澍然雖長呂世宜十歲，但兩人一見如故，關係雖為師生，卻勝似朋友。高澍然善為古文辭，周凱欽佩其文，曾親自拜謁，聘其主講廈門玉屏書

院。高澍然講學玉屏書院僅三月，但是諸生皆深受啟發，從學者日眾，他教導諸生以除去名利心為第一要義，玉屏書院師生都十分敬佩。

高澍然古文造詣很深，在當時福建地區享有盛名。周凱評價高澍然的古文說：

凱自知為古文，即求知天下之能為古文者，比入閩，光澤高雨農、建寧張怡亭二君傳朱梅崖先生之學，求其文，未能見也。明年，仁和陳扶雅來閩修《通志》，與高君雨農公事，甚相得，屢述君之文行學問，並寄君之近作以相示。又明年，武進劉五山來廈門，見君文，謂凱曰：今有古文正宗而不之質耶？為選削文數十首，因扶雅就質焉。君評騭而歸之。適凱調任海外，五山錄其副以寄，得之喜甚。冬，受事大府，見君於省邸，遂定交。（高澍然，《抑快軒文集》，揚州，江蘇廣陵古籍刻印社，1998，第8-9頁）

福建師範大學陳慶元教授在《抑快軒文集》前《古文家高澍然及其<抑快軒文集>》一文中說到：

高澍然生長在古文創作十分活躍的閩西北，他是清代閩西北嘉道間繼朱仕琇之後傾全力寫古文的作家。高澍然與朱仕琇一樣，極推崇韓愈、李翱文，他還著有《韓文故》和《李習之文讀》。朱仕琇重立心正身，高澍然認為這還不夠，還有待於

「性足於仁」，重視言與行的結合，重視言之見於行。

高澍然的古文風格不求奇絕，而求平易。周凱形容高澍然之學，用了穆然、怡然、淡、淺等詞彙，如下文：

君之學基於倫常身心之地，通於天地民物之大，經以六經四子之書以直其氣，緯以諸子百家之說以疏其流。然後浴之左史以取潔，入乎韓李以求醲，遊乎歐曾以裕度。其光熊熊，其色穆然，而其氣怡然。適然見之，無非道之所發也；淵然接之，無非理之所充積也。無一言一行讀者不當體諸身，無一事一語不可以風世。人第見其淡，而淡之中至味存焉。人第見其淺，而淺之中至理實焉。太上三不朽言未有不根於德而可發為事功者。文，言也，故君之古文正宗也，真氣存其中而養之者素也。（高澍然，《抑快軒文集》，揚州，江蘇廣陵古籍刻印社，1998，第8-9頁）

陳慶元先生概括高澍然的古文「以平易藹如為特色，而作者的情、志，則能於平易藹如的文字間自然流出」。

根據高澍然的相關文章看，對呂世宜的古文也頗為推崇，兩人在古文方面有不少交流。比如，在高澍然《將之廈門答呂西邨書》中就有關於古文方面的論述，還肯定了呂世宜的古文功力：

蓋古文道久衰息，吾鄉尤甚。其為之者馳騁與考據而已，二者非才學異人不能為，然去古文道轉遠，是所謂智勇俱困者也。雖然，古文近道，道不遠人，苟得其意，亦不必才學異人始能為之。不得其意，譬諸驥一日千里，欲適南而北首，有不去之轉遠乎？……足下從芸皋，五山二先生來，二著已見端序，殆所謂得其意。頃又惠讀二十一首，其才與學牣於中不暴於外，益深喜吾鄉傳古文有人。（高澍然，《抑快軒文集》，揚州，江蘇廣陵古籍刻印社出版發行，1998，第685-686頁）

呂世宜在《上高雨農書》中提及，他曾贈高澍然石刻拓片和書法數種：

世宜半生失之東隅者，或可收之桑榆，皆先生賜也。石刻數種，拙書六幅，敬以為贄，並求指示。（呂世宜撰，廈門市圖書館校注，《愛吾廬匯刻》，廈門大學出版社，2010，第18頁）

　　呂世宜在上面兩篇文提到曾寄文章、石刻和書法給高澍然，向他求教。高澍然在《將之廈門答呂西邨書》一文中對呂世宜寄給他的二十餘篇文章、石刻和書法作品，給予高度的評價，尤其是將呂世宜的隸書形容為一時之選：

　　足下從芸皋，五山二先生來，二著已見端序，殆所謂得其意，頃又惠讀二十一首，其才與學物於中不暴於外，益深喜吾鄉傳古文有人……承賜石刻數種，法隸六幅，家珍手墨光生堂戶。其法隸波磔內藏，精氣外溢，近時書隸如此者，不易得已。（高澍然，《抑快軒文集》，揚州，江蘇廣陵古籍刻印社，1998，第687頁）

　　在通過書信進行神交後，高澍然應周凱之邀赴廈門，呂世宜陪伴其遊廈門景點，第二年，高澍然

到玉屏書院進行三個月的講學，呂世宜終於有了當面與其學術交流的機會。

根據呂世宜《從遊白鹿洞記》，道光十五年高澍然赴廈門，周凱以師禮待之，呂世宜陪同他們遊覽了廈門無盡、棱岩兩處景點。高澍然《讞遊白鹿洞記》一文同樣做了記錄。

道光十六年（1836）夏，高澍然抵廈講學，期間呂世宜率領玉屏書院諸生在崇德堂設宴隆重迎接，還陪遊白鹿洞等景點。

高澍然《玉屏書院夜讞記》寫到：

讞遊白鹿洞之七日為六月望。諸生長呂君西邨率諸生十人宿戒供張，觴余及觀察芸皋先生於書院之崇德堂。崇德堂者，廈門人士感先生敬教勸學，為報德祠生俎豆先生也。

呂世宜《崇德堂夜宴記》對這次宴會記敘得十分詳細，顯示了他對高澍然到來的欣喜和激動之情：

雨農先生上而右，芸皋夫子上而左，皆東向，諸生以次侍坐，莘莘濟濟，闟闟衎衎，如侍宴白鹿洞時，而進退彌謹，意氣彌洽。酒半，月上東方，樹影、石影交加滿地，芸皋夫子顧而樂之，詔諸生各為詩文以壽，諸生皆曰：「諾」。（呂世宜撰，廈

門市圖書館校注，《愛吾廬匯刻》，廈門大學出版
社，2010，第29-30頁）

　　高澍然具有相當的金石鑑賞水準，呂世宜與他
在金石方面的交流，讓呂世宜學習到金石、碑刻等
鑑賞知識。除了前文所述，呂世宜曾經在兩人未見
面時期就送自己的石刻給高澍然，得到其高度評價
外，還有一些記載。比如，高澍然曾經為呂世宜收
藏的珍品《搨古錄》作序，在他的文集中還可見到為呂世宜所作的兩則《泥硯銘》，可見呂世宜與高澍然亦師亦友的交情。

第三節 友人—郭尚先與伊秉綬等

友人—郭尚先

郭尚先在玉屏書院執教的短短半年，對呂世宜產生的影響不可謂不大。郭尚先，字元聞，號蘭石，又號伯抑父，福建莆田人，書齋名「芳堅館」、「盍孟晉室」，清乾隆五十年（1785年）生，道光十二年（1832年）卒。嘉慶十四年(1809年)進士，歷任國史館纂修、文穎閣總纂及貴州、雲南、廣州考官等。

郭尚先以書法聞名，在鑑賞方面也有所長，因人品高尚、治學嚴謹、為官清廉，得到林則徐的讚譽。林則徐在纂所撰《大理寺卿蘭石郭先生墓志銘》中就曾大力讚揚郭尚先心懷天下，戮力奉公的精神。

在書法方面，郭尚先的楷書主要學習歐陽詢，行書主要學習顏真卿、董玄宰。他的書法曾受到清仁宗皇帝的推崇，書法風格在嘉慶、道光年間風靡一時，被譽為當時頂尖的書法家。郭尚先對世宜的影響主要還是在書法上。

郭尚先應邀於廈門玉屏書院講學的時間在道光二年，蔡清德在《郭尚先在閩形跡》一文中有對講學的具體時間進行分析。蔡清德提出，根據郭尚先作品《芳堅庭題跋》中「道光壬午承竹泉觀察招，

來鷺門講學」的記載以及「道光壬午四月十一日觀於鷺門寓廬」的記敘推算出，郭尚先在玉屏書院時間時間才半年左右，大約從道光二年四月至九、十月。

郭尚先寓廈的道光二年，正是呂世宜鄉試中舉之年。前文提及，郭尚先歷任官職，均與科舉有關。他的科舉背景讓我們相信，呂世宜等玉屏書院士子應試前受到他科舉方面的指點與考前輔導。

呂世宜曾拜郭氏為師，兩人亦師亦友，文字交情甚篤。郭尚先喜好搜羅歷代碑帖，著有《芳堅館題跋》，彙集自己研讀碑帖的心得。我們知道，呂世宜同樣癡迷碑帖，這份熱愛，從其作品《愛吾廬題跋》可以充分體現。郭尚先曾贈送《秦琅琊臺刻石》和《楊孟文碑》拓片與呂世宜，呂氏有跋為記：

　　秦《秦琅琊臺刻石》，趙明誠謂其頌詩已亡，所存唯從臣姓名及二世詔書，然亦殘闕。都南濠所藏苕公刻本，有頌詩中語十七字，此本乃蘭石師贈者，凡八十一字，與《金石錄》同，與《金薤琳琅》異。道光十三年二月花朝識。
　　是碑（楊孟文頌）為蘭石夫子（郭尚先）所贈，學之數十百過，不能得其一二，以是知墨池筆塚，古

人斷不余欺。（呂世宜撰，林維源校刊，吳守禮標點，《愛吾廬題跋》，東京定靜堂，1975，第177頁）

《楊孟文頌》全名叫做《司隸校尉楗為楊君頌》，也可稱作《石門頌》，為東漢時期的石刻。因此，在具體的書法風格上面，郭尚先對呂世宜的直接影響并不是很大，但因為郭尚先也是收藏鑑賞愛好者，且功力深厚，他贈送碑刻拓片給呂世宜，還教給他許多金石書畫鑒賞知識，這對呂世宜的書學研究幫助很大。

郭尚先將《楊孟文頌》拓本送給呂世宜，這是因為它是漢碑石刻的精品。由此看出，郭尚先與呂世宜愛好相同，趣味相投，時常相互切磋。呂世宜的金石書法鑑賞能力的提高，郭尚先也有影響在其中。

周凱的《四十九石山房記》一文中提到呂世宜友人林必端、林必輝的書房「四十九石山房」之由來，其中就有郭尚先書「肯齋」一事：

呂子西村好古而辟，凡金石磚甓之文，摩撫審玩，嗜若性命。善屬文，工篆隸。有四十九石山房石刻行於時。四十九石山房者，其友林生硯香、墨

香讀書處也。硯香好寫竹，多蓄古研。墨香工刻
石，硯背側皆有文。西村所摹，墨香所手刻也，凡
四十九石，因以名室。西村雖主講他所，歸則假館
其中，若家焉。乙未之秋，余偶過訪。門有竹數十
挺，負牆而立，榜曰：「西林別墅」，陳司馬士竹
所書也。入曰「肯齋」，曰「此君齋」。「肯齋」
，郭大理蘭石書也；「此君齋」，余書也。（周凱，
《內自誦齋文集四十九石山房記》卷八，第5-6
頁，轉引自《定靜堂叢書‧呂世宜西村先生研究資
料附呂世宜年譜》）

由上文可見呂世宜等人對郭尚先的尊敬程度。

郭尚先自己以書法聞名一時，對書學研究頗
深，因此，他對呂世宜書法的成就評價是對呂世宜
的一種巨大褒獎和提攜。蔡清德引用邱煒菱《五百
洞天揮麈》，其中提到呂世宜書法與伊秉綬並稱：

伯仲之間見伊呂，伊謂墨卿太守也，他日復見
孝廉橅《曹娥碑》、《內景玉經小楷》，大驚，以
為遠出己上，廈人有求書者，必曰：「現放著呂某
不求，而乃某之是問耶？」告以已得呂書，惟須先
生，乃許儷之，則復歉然不敢落墨，或強之始可。
籲先輩服善之誠，不亦可見哉！（蔡清德，《郭尚先

在閩行跡、書法交遊及與臺灣書法之關系述論》，
《東南學術》，2014年第5期）

　　蔡清德還推論呂世宜隸書風格應有間接受到郭
尚先的影響。他提出：

　　　從目前所見呂世宜存世隸書來看，其書在形態
　　和神采上與伊秉綬頗有合轍之處，而郭尚先與伊念
　　曾有金石書法之交往，呂世宜隸書與與伊秉綬浸淫
　　頗深，故其應該有可能經郭氏之引薦而得以結識或
　　拜會伊念曾，並進而得以親睹更多的伊秉綬翰墨手
　　跡，郭尚先將呂世宜與前輩名家伊秉綬相提並論，
　　不僅是因二人書風上的相似，亦是期望呂世宜向前
　　輩書家看齊，其用意頗深，對於呂世宜精研伊書和
　　篆隸自有推轂之力。（蔡清德，《郭尚先在閩行跡、
　　書法交遊及與臺灣書法之關系述論》，《東南學
　　術》，2014年第5期）

友人—伊秉綬
　　伊秉綬，字組似，號墨卿、墨庵，福建汀州
人，人稱「伊汀州」，乾隆五十四年進士，曾任
刑部主事、惠州知府、揚州知府等。卒後，揚州人
將其附祀與宋歐陽修、蘇軾及清王士禎「三賢祠」
中，稱「四賢祠」，足見其聲譽之高。伊秉綬的書

法不論篆、隸、楷、行草都有獨特的面目，尤以善
隸著稱與世，被人稱為遙接漢隸真傳，能拓漢隸而
大之。

蔡德清推論呂世宜因郭尚先受伊秉綬影響的理
由應有二：

首先是呂世宜與伊秉綬書法風格的近似，而是
郭尚先與伊秉綬交往頗深。上文提及有伯仲之間
見伊呂的說法，許多資料提到郭尚先曾贈呂世宜一
印「伯仲之間見伊呂」，讚呂氏宜和伊秉綬應可
齊名，並且認為呂世宜也自刻同一印，以自比伊秉
綬。

何謂「伯仲之間見伊呂」？本來是杜甫的詩
句，呂氏為什麼引用它來作他的印文呢？原來前清
乾嘉時代，閩人以書法名於四方者，只有汀州伊秉
綬（墨卿）一人。但是呂氏以為他自己的書法和伊
的比較，並不能分出什麼高下，剛好他姓呂，墨卿
姓伊（伊秉綬），所以他很不服氣說：「伯仲之間見
伊呂」。

「伯仲之間見伊呂」語出杜甫〈詠懷古跡五首
之五〉：「諸葛大名垂宇宙，宗臣遺像肅清高。
三分割據紆籌策，萬古雲霄一羽毛。伯仲之間見伊
呂，指揮若定失蕭曹。運移漢祚終難復，志決身殲
軍務勞。」詩原意是讚揚諸葛亮的籌畫與謀略可與

伊尹和呂尚相比。所謂的「伊」實非伊秉綬而是指商湯的宰相伊尹、「呂」也非呂世宜而是周文王、武王的太師呂尚（姜太公）。

目前最早出現一說的是在呂世宜《呂西邨先生泥金真跡》後林鶴年（1847－1901）的題跋出現。林鶴年祖籍福建泉州府安溪縣，光緒八年〈1882年〉考中舉人，跋文中的羅文恪公是羅惇衍（1814－1874），字星齋，號椒生，廣東順德人，道光十五年（1835）進士，官至戶部尚書。諡文恪。林鶴年的跋文轉述羅文恪公曾說過，伊秉綬和呂世宜因擅長寫隸書而受到清宣宗的褒揚，或許可認為「伯仲之間見伊呂」一說最早是由清宣宗開始。

周凱和高澍然

在周凱主持重修玉屏書院、高澍然來廈主講玉屏之後，玉屏書院逐漸興盛，成為廈門地區文藝活動活躍的中心，廈門文人吟詠酬唱，遊玩雅集蔚為風氣。呂世宜作為玉屏書院重要人物，利用玉屏書院這個文人互動的空間，與許多廈門及來廈的文人儒士交往，文士交遊尤愛逛白鹿洞景區，留下文章墨蹟，其中比較著名的有：楊慶琛、郭望瑤、孫雲鴻、林樹梅、林必瑞、林必煇等。

　　道光十二年，福建著名學士楊慶琛赴廈，周凱攜鷺島諸生包括呂世宜伴其遊廈門白鹿洞與南普陀寺，周凱石刻題記：

　　大清道光十二年，歲在壬辰七月七日辛亥，典泉永海防兵備道富陽周凱、刑部郎中侯官楊慶琛、世襲騎都尉龍溪孫芸鴻、壬午舉人同安呂世宜、國子監生海澄葉化成來遊，冒風登觀日臺。周凱題

石。（何丙仲編撰，《廈門碑志彙編》，廈門市文化局，廈門市文物管理委員會，2004，644頁）

　　內容相似的石刻在南普陀寺也有發現，同樣紀念了此次鷺島儒士之遊，為呂世宜所書：

　　大清道光十有二年，歲次壬辰桼月五日己酉，富陽周凱、侯官楊慶琛、龍溪孫雲鴻、同安呂世

◆ 圖：廈門南普陀寺石刻題記

宜、海澄葉化成同遊，世宜隸石。（摘錄於廈門南普陀）

　　周凱慕其學行之高與深厚的古文造詣，在玉屏書院重修完成後，邀請來廈教學，為玉屏書院主講。道光乙未（1835）四月，高澍然曾到訪廈門，呂世宜《愛吾廬文鈔》文《送高雨農歸光澤序》中記錄：

　　迨去年四月，先生來島上訪芸皋夫子，世宜以弟子職，日從遊虎溪、南普陀諸勝。追隨之下，屢屢假以詞色，謂為可教。今年主講玉屏，居處愈近，神契愈洽。（呂世宜撰，廈門市圖書館校注・《愛吾廬匯刻》・廈門大學出版社，2010，第21頁）

　　隔年，高澍然再次赴廈門，受周凱之邀，擔任玉屏書院主講。周凱招諸生再次陪同高澍然遊廈門，赴白鹿洞遊玩，呂世宜作《從遊白鹿洞記》為記：

　　廈島有山，曰白鹿洞，前人慕廬山之勝，因以名之也。道光丙申（1836）六月八日，周觀察芸皋夫子招諸生侍主講高雨農先生遊，即讌焉。初，乙未（1835）夏，先生來廈門，夫子以師禮禮之，招遊無盡、稜層二岩，世宜與焉。先生作遊記，其大旨謂夫子以古文提倡後學，義高辭美，為島中士勸。世宜錄而藏之。今年先生受夫子聘，主講玉屏書院。未至，夫子謂世宜曰：「先生將以某日至，汝理院中事，其戒備以俟，使人迓諸境。至則率諸生拜於院，致餐設膳而退。」（呂世宜撰，廈門市圖書館校注，《愛吾廬匯刻》，廈門大學出版社，2010，第28頁）

　　《廈門志》雜錄三十四也記錄了這次活動：

　　高舍人雨農、周觀察芸皋，均治古文辭，甚相得。道光丙申年，聘舍人主講玉屏書院，集院生宴于白鹿洞。高有《遊記》，周有詩並序，極一時賓主之盛。（道光《廈門志》雜錄三十四，廈門市地方志編撰委員會辦公室整理，1996）

高澍然後作《讌遊白鹿洞記》寫道：

> 今夏來主講玉屏書院，得續前遊……余謬為書院長，實懷內愧，而觀察周芸皋先生為多士悅服者蓋六年。是遊也，先生為主人，以書院諸生從，諸生皆先生舊弟子也。聽先生言論，不必皆為講學發，苟諸生能善聽，皆可以悟道，是乃真講學也。然則茲洞得先生，即謂其名與之並可，豈惟與之並而已。《大傳》曰：「苟非其人，道不虛行」。今南康白鹿洞未必有先生其人，恐未肯以此易彼也。（高澍然《抑快軒文集》卷四十二　揚州：江蘇廣陵古籍刻印社，1998，第495-497頁）

因周凱于道光十六年卸去興泉永道職赴臺，高澍然在該年八月也辭去玉屏書院教職。高澍然在廈門的時間很短，僅僅三個多月，但是慕名從遊者甚眾，與周凱、呂世宜等名士結下深厚的友誼。

第四節　其他重要友人

金石之交—孫雲鴻

呂世宜與孫雲鴻、郭望瑤同為金石之交。孫雲
鴻，字逵侯，一字儀國，以祖蔭襲騎都尉，歷任
金門左營游擊、福建水師提督中軍參將、蘇松鎮總
兵，著有《公餘雜錄》、《嘉禾海道說》等。道光
孫雲鴻是武官，鴉片戰爭中廈門淪陷，孫雲鴻當時
為閩安水師副將，曾有發動募捐建造炮臺抗擊外敵
的事蹟流傳。孫雲鴻還是儒將，文學水準頗高，因
與呂世宜同為周凱學生，曾與呂一起被周凱邀請參
與編撰《廈門志》。道光《廈門志》前有孫雲鴻所
作序：

　　庚寅，雲鴻以承蔭通判兼襲世職；入京，蒙恩
准襲世職，發標回廈。會周觀察芸皋先生議修《廈
門志》，黃司馬心齋舉淩孝廉文藻、陳征士雪航、
林茂才遜甫暨雲鴻以應。雲鴻自分武夫，不習文
事，固辭；觀察不之許。

　　於是各分門類，雲鴻為輯兵制、海防、番市、
紀兵、山川、津澳，觀察以為可；其分域、藝文、
職官、選舉、列傳、列女傳、風俗則皆淩孝廉、陳
征士、林茂才所為；其船政、臺運、關賦則據諸案
卷，觀察總而正之。凡二十四月而成，時道光壬辰

也。將謀付梓，適觀察調任臺灣，遂以副本留呂孝廉西村處。（廈門市圖書館編、陳峰編撰，《廈門古籍序跋彙編》，廈門大學出版社，2009，第100頁）

呂世宜之金石之交孫雲鴻，亦可稱至交，呂世宜《愛吾廬文鈔》中有一文《書古器物銘拓本後》就說到兩人的友誼：

儀國（孫雲鴻）與余交垂二十年，嗜金石，蓄漢唐石刻數百十種，宋以下無論已。自刻小印曰「金石契」，以署所藏諸本。余初識儀國，儀國以「敦煌太守碑」見贈，後又贈唐人石刻八九種，皆其家藏副本也。於是交益密，得遍觀其所有，或假之累年，儀國雖珍惜而不余鄙也，見有金石諸刻，輒相與討論鑒別，撫弄不釋。道光己丑，故人郭望瑤沒，所收鼎、敦、盤、匜諸銘及錢刀各拓本皆歸於余。余以其副裝潢成帙貽儀國，儀國喜曰：「今而後金石契之名為不虛也。」蓋儀國所藏豐於石而嗇於金，余所貽皆金也故云。會儀國將之官，與余別，因嘆吾二人之交二十餘年如一日，其趣同，其好同，其性情亦將毋不同耶。雖間有離合聚散，而余意中未嘗一日不有儀國，儀國亦未嘗不有余也。出而任仕，儀國又將自有所以為儀國者，余不能與之同也。因書數語於拓本末以識之。（呂世宜撰，廈門市圖書館校注，《愛吾廬匯刻》，廈門大學出版

社，2010，第59頁）

　　呂世宜與郭望瑤交往亦深，郭望瑤身歿後將所收藏的金石拓本皆贈送給呂世宜，呂世宜又將其副本和孫雲鴻共用，互補其收藏不足之處，呂世宜有此大量，兩人之間的惺惺相惜可見一般，此文道盡呂世宜與孫雲鴻之間的金石情誼。然而孫雲鴻也不惶多讓，在初識呂世宜時就以〈敦煌太守碑〉相贈，於道光三十年（1850）又贈〈文山先生琴背拓本〉，呂世宜並為之寫跋。

　　孫儀國（孫雲鴻）將三件〈文山先生琴背拓本〉分送給呂世宜和葉化成，及「同為金石友」的沈松生，並囑呂世宜為其作跋〈文山先生琴背跋〉。

金石之交—林樹梅

　　說起呂世宜的金石之交，當首提林樹梅。林樹梅，原名光前，字實夫，自號「歗雲」，又號「瘦雲」、「鐵笛生」，有「金門奇人」的稱號，著有《歗雲詩鈔》、《歗雲文鈔》、《歗雲鐵筆》等作品。呂世宜生於清乾隆四十九年（1784），林樹梅生於清嘉慶十三年（1808），儘管兩人年紀相差二十四歲，但關係十分緊密，不但同為金門人，而且也是玉屏書院同儕。林樹梅和呂世宜的交往，離不開金石二字，他們都稱呼對方為自己的「金石交」。

「金石交」包含了兩層涵義：一是點明他們密切交往的主要活動內容就是一起研究、鑒賞金石，二是也是一種對兩人友誼之堅固的生動比喻。

光緒《金門志》中有林樹梅「工篆刻」的說法，在林樹梅與呂世宜的交往過程中，二人對金石篆刻的共同興趣和研究留下不少記錄。呂世宜有《雲鐵筆序》芸：

> 雲善用筆，古文筆清，詩筆古，書畫筆屈強離奇而不可方物，此余所習知者。外此為銕筆，古雅絕倫，得意時趙次閑、陳曼生革弗讓也。（呂世宜撰，廈門市圖書館校注，《愛吾廬匯刻》，廈門大學出版社，2010，第25頁）

從上文看，呂世宜對林樹梅愛好「古」的風格十分欣賞。此外，呂世宜為林樹梅收藏的《武梁祠荊軻圖》作《跋林歗雲所藏武梁祠荊軻圖後》一文，稱林樹梅為奇人，讚揚他對於詩、書、刻都很精通。呂世宜還形容林樹梅為巧，而自己是拙，巧與拙相對，對比生動有趣：

> 荊軻勇士，歗雲奇人，宜其有取於此夫！至謂尚拙不尚巧，則此幀予可攫而有之。世之拙者，孰如予？若歗雲自文、而詩、而書、而畫、而刻印，

無技不精，無藝不巧。拙書當與拙人藏之，歟雲不當弄其巧又藏其拙也。一笑。（呂世宜撰，廈門市圖書館校注，《愛吾廬匯刻》，廈門大學出版社，2010，第182頁）

兩人的交往還體現在詩作之中。林樹梅《　雲詩鈔》中有《訪呂西村先生寓居海澄二首》、《答呂西村先生招遊錦里寓園二首》二詩，記錄了兩人在廈門的往來。

例如《答呂西村先生招遊錦里寓園二首》寫到：

手辟芳園動四鄰，古風不減武陵津。
備嘗世味抽身早，敦篤交情入夢頻。
立品只爭難處易，積書應笑富兒貧。
談深忽起羅浮想，分付梅花作主人。（林樹梅《　雲詩文抄》廈門大學出版社，2013，第202頁）

從詩作中可見林樹梅對呂世宜的感情之深，此詩作為答詩，這表示應當先有呂世宜的贈詩，但目前在呂世宜作品中未見相關記錄。

金石之交—楊鳳來

楊鳳來，字紫庭，晚號止庭，清代人，居於廈門，龍溪附貢生。生平慷慨，樂善好施，地方有警，多賴謀劃。擅琴與畫，尤其工于篆刻，著有《柏香山館印存》，是他將所搜集名家私印以及自製篆刻彙編而成的。

楊鳳來也是林樹梅、呂世宜的「金石交」，呂世宜曾為楊鳳來《柏香山館印存》做序：

> 楊君紫庭，性嗜古，工刻石，與吾友歗雲交相善、居相鄰，又相師也。二人各奏其能，咸得漢人意，如陳曼生於趙次閒然。紫庭近考金石書，謂漢篆惟瓦當文屈曲有致，惜前書未廣益之，摹為小本。讀書之餘，香一爐，茗一碗，春然驍然，信閒中一樂也。歗雲縱臾之，裒所畜名家私印成帙，而以所自製者為之殿，統四卷，顏曰《柏香山館印存》，因囑歗雲索序於余，余嘉紫庭少而多能，又與歗雲為金石交，於是鄉為歗雲敘者，今復因歗雲而敘紫庭，結一重翰墨之緣也已。（呂世宜撰，廈門市圖書館校注《愛吾廬匯刻》廈門大學出版社，2010，第25-26頁）

從文中可見，呂世宜通過林樹梅結交楊鳳來，他對於能夠多一位翰墨之友而十分欣喜。

金石之交—林必瑞、林必煇

廈門林必瑞(硯香)、必煇(墨香)，也是林樹梅與
呂世宜之金石友。呂世宜與林硯香(林必瑞)同為周
凱的門人，林硯香與林墨香兄弟和呂世宜一樣，熱
愛金石學。林硯香收藏硯臺豐富，呂世宜撰寫隸書
與篆書，林墨香工鐵筆，三人合作完成了《四十九
石山房硯背初刻》，廣為美談。

民國《廈門志》卷三十二藝術傳記載：

林必煇，字墨香，住關仔內。少穎敏，多技
能，尤工刻石。嘗刻其家墓銘，呂世宜見之以為
佳，必煇以為書佳，世宜曰：「書不甚佳，而不
別求佳，一一如其不佳，是以佳耳。」必煇意省，
益自肆力，索世宜作篆、隸鐫之，大、小得四十九
石，目曰初刻，名由此震。其齋名四十九石山房，
亦由此定。興泉永道周凱為作記。時士大夫如梁章
鉅、楊慶琛、趙在田，皆嘖嘖稱道。未幾，汀州牧
劉燕庭權興泉永道，謂煇曰：「銀鉤鐵畫，生能
事畢矣。雖然，亦有道手？」必煇唯唯，曰：「
道何敢言。惟刻以刀為筆，必運刀如運筆，斯神於
刀者，苦未能也。」劉深歎賞。劉好古，精鑒別金
石，古彝鼎盤敦奩有記。必煇編刻之，又為摹《清
愛堂鐘鼎款識》一卷。鐫牙章百數十枚，自春徂夏
五閱月，字可萬計，不以為倦。(〔民國〕《廈門市

志》卷三十二，藝術傳，廈門市地方志編撰委員會辦公室整理．1999）

　　周凱《內自訟齋文集》中文章《四十九石山房記》敘述了三人情誼之深：

　　　呂子西邨，好古而辟凡。金石磚瓦元文，摩撫賞玩，嗜若姓名。善屬文、攻篆隸，有四十九石山房石刻，行於時。四十九石山房者，其友林生硯香、墨香讀書處也。硯香好寫竹，多蓄古研。墨香工刻石，研背側皆有文。西邨所摹，墨香所手刻行世，凡四十九石，因以名室。西邨雖主講他所，歸則假館其中，若家也。（周凱，《內自訟齋文集》，道光二十一年刊本，臺北：中央圖書館臺灣分館藏，卷八，第5-6頁）

　　呂世宜與林硯香、林墨香情如兄弟，以林硯香、林墨香書齋號為名，製作《四十九石山房硯背初刻》，內容包含吉語及呂世宜臨摹石碑。三人來往密切，呂世宜雖講學其他地方，但每回廈門就前往拜訪。

　　呂世宜《愛吾廬文鈔》中有《林墨香小傳》一文：

　　四十九石山房主人林墨香，諱必輝，廈門嘉禾里人。少穎敏，多技能，尤工刻石。嘗刻其家墓銘，余見之以為佳。君謂余言：「書佳？」余曰：「書不甚佳，君不別求佳，輒一一如其不佳，是以佳耳。」君意省，益自肆力，索余作篆隸法鑴之，大小得四十九石，目曰初刻，君之名由此震，君之齋號「四十九石山房」，亦由此定，而君殊頊頊不自得。周觀察芸皋先生物色君，以余知君，問曰：「墨香何師？」余對曰：「墨香無師，以人之書為師。」先生為之作《四十九石山房記》。當是時，士大夫如梁芷鄰、楊雪椒、趙谷士諸先輩，或耳其名，或一面，皆嘖嘖稱道君。君益愧，謂：「雕蟲小技，未造極適，貽先生長者羞。」

　　去年冬，燕庭劉公以汀州牧假興泉永道篆，謂君曰：「銀鉤鐵畫，生能事畢矣！雖然，亦有道乎？」君唯唯曰：「道何敢言，惟刻以刀為筆，必運刀如運筆，斯神於刀者，苦未能也。」劉公深嘆賞，且曰：「自芸皋先生餽余四十九石山房石刻，已知生。今聞生言，芸皋賞識不虛也。」劉公三世相家，好古精鑒別金石，為天下巨眼，古彝鼎、槃敦、箱篋奩有記，君遍刻之，又為摹《清愛堂鐘鼎款式》一卷，鑴牙章百數十枚，自春徂夏五閱月，字可萬計，劉公不以為多，君亦不以為倦也。劉公既多君技，約與君同回汀州，已而疾作不果行，迨劉公以信來，君已前一月卒矣。

於戲！余於君非真金石交也耶？余所書，君所刻，可以數計也耶？君之與余，猶驂之有靳也，君今焉往哉！夫以君之技如是，君之用心如是，君之名聞於世，為世所見賞，不自足復如是。藉天假之年，吾知古之黃鶴靈芝去人不遠也，用是摭君之大略著為傳，以質知君者，且以附芸皋先生四十九石山房之末，陷諸壁。（呂世宜撰，廈門市圖書館校注《愛吾廬匯刻》廈門大學出版社，2010，第43頁）

由文可見，林墨香刻工不凡，運筆如運刀，周凱經由呂世宜而知其人，並為之作記。林墨香也因為周凱引薦，而得以為好古精鑑的藏家遍刻其所藏，字可萬計。

必瑞兄弟曾從呂世宜學篆隸。必瑞卒，林樹梅作《太學生林君硯香墓誌銘》：

既入太學，益嗜金石，多蓄圖書古硯，家遂致貧。西村嘗為縮摹秦漢碑文於硯陰，君弟墨香鐫之，凡四十九石，因自名為「四十九石山房」。師周芸皋觀察、高雨農舍人皆為之記。樹梅於君同姓、同學、同嗜古、同不治家人產、同貧，覺彼此意度無弗同者。（林樹梅撰，陳國強校注，廈門市圖書館編，《歗雲詩文抄》，廈門大學出版社，2013，第100頁）

後來，呂世宜評此墓誌銘，寫到：

> 硯香，余金石交。既沒，其孤幼弱，無以葬。
> 瘦雲悉為經紀其喪，此足覘友誼之真哉！其志實而
> 不浮，尤得史家正軌。硯香有知，當首肯地下。惟
> 文中屢屢牽連賤名，適增余愧，且使余悲也。（林樹
> 梅撰，陳國強校注，廈門市圖書館編，《歠雲詩文
> 抄》，廈門大學出版社，2013，第101頁）

呂世宜則為硯香弟墨香作《林墨香小傳》，林
樹梅為硯香作《墓志銘》，林樹梅、呂世宜與林必
瑞兄弟金石之交感情，可見一斑。

第五節　板橋林家

乾隆四十一年（1776），板橋林家的開臺祖先林應寅在新莊定居，以設立私塾教授弟子為業。而真正讓林家躍升為望族的，是林應寅之子林平侯。

《重修臺灣省通志》記載：

林平侯

一、淡水人，營商致富，納粟為同知。

二、嘉慶十九年（西元一八一四年），置義田，設義學，以教養族人。

三、道光二年（西元一八二二年），料匠林詠春亂、道光十年（西元一八三〇年），挑夫分類、道光十二年（西元一八三二年），張丙之役，當道用其言，以次削平，獎加道銜。（黃典權、林文龍、

莊永明、李國俊、邱正略編纂，《重修臺灣省通志（卷九）人物志人物表篇》，臺灣省文獻委員會編印，1998年6月，第69頁）

林平侯十六歲時來臺依親，在米商鄭谷家作佣人，吃苦耐勞，深受鄭谷的重視。他善於經營，得鄭谷之力，才數年不過，就積累資產百石，又與人合作鹽務貿易，獲利更多。但是他無進仕之意，並且礙於漳泉械鬥，恐被波及，於是遷居大嵙崁，投資土地，成為一大地主。生有五子：國棟、國仁、國華、國英、國芳，分立五號：飲、水、本、思、源。以國華的「本記」、國芳的「源記」為家族發展中心，故以「林本源」為名。

林平侯之後，林國華和林國芳兄弟挑起家族事業，在國華、國芳主導的年代，除了拓展林家的經濟體系，還為了居住安全，又遷居到板橋，並與板橋士紳合作有計畫地興建板橋城，使板橋成為物產集散的城市，經濟繁榮迅速。

國芳之後，林維讓和林維源主掌林家。林維讓和林維源原都是林國華之子，但因林國芳膝下無子，所以便將林維源過繼給林國芳。

呂世宜《愛吾廬題跋》中《董思白楷書伯夷列

傳跋》有寫道：

> 與友人林樞北家藏《誥命》長軸絕相似，蓋皆
> 晚年撒手縣厓之作。借臨數十過萬不得一。（呂世宜
> 撰，廈門市圖書館校注，《愛吾廬匯刻》，廈門大
> 學出版社，2010，第204頁）

可見林國華當時與呂世宜交往匪淺。林國華喜
愛收藏字畫，常以文會友，與葉化成、林焜熿等廈
門文士交往頻繁，對當時廈門文化教育貢獻良多。

林國芳、林國華因周凱的推薦，委任呂世宜為
西席（老師），教授族中子弟。《臺灣通史》卷三十
四《呂世宜傳》中提到，國華與國芳銳意文事，見
到呂世宜的書法作品十分仰慕，於是求其來臺。

林維源，字時甫，號炯卿，清臺灣人，林國華
次子、林平侯孫。林維源幼時在廈門求學，後來林
國芳去世，林氏兄弟才回到臺灣。在大陸地區，林
維源之子林爾嘉建造的菽莊花園十分有名。在《
古今文字通釋》序中，林維源提到年少時師從呂世
宜治學的經歷，重點點到呂世宜教授其的古文、金
石：

維源少時，與先伯兄遜甫同受業于西村呂先生
之門，時先生年蓋高矣，日孳孳治經、治金石、
治古文辭，未嘗有日稷暇。（廈門市圖書館編，陳
峰編纂，《廈門古籍序跋彙編》，廈門大學出版
社，2009，第51頁）

林爾嘉也做了跋，寫了類似內容：

昔者，吾先子與吾世父遜甫公同受業于先生之

門，為日甚久。先生嘗以是編授遜甫公，遜甫公受而藏之匣，未及殺青，而先生歸道山矣。（廈門市圖書館編，陳峰編纂，《廈門古籍序跋彙編》，廈門大學出版社，2009，第52頁）

　　林爾嘉頗有文采，先後在成立了菽莊吟社，在臺灣組了「小壺天吟社」，以詩會友，小有名氣。

　　林家後人林熊光這樣形容呂世宜：

　　　　見有古人佳跡，輒傾其所有而求之，或力不能得即鬱鬱者累月，家無明日之糧，不知顧也。（吳守禮、林宗毅編，呂世宜西村先生研究資料、臺灣林本源家文物及資料（乾冊），東京定靜堂，1976年）

　　林維源、林爾嘉為呂世宜出版了《千字文通釋》、《愛吾廬筆記》等著作，林熊光出版了日文論文，談到呂世宜與林家之間的金石情誼，以及呂世宜擔任林家教席時為林家搜集金石拓本的事蹟，

呂世宜對林氏後人的影響，可見一斑。

呂世宜在林家約二十餘年，除了廣蒐書籍、金石拓本之外，林國華、林國芳還請呂世宜臨摹器銘，再請工匠刻石永久保留。1842年，呂世宜獲西漢公孫弘古鏡一枚，作《西漢古鏡記》一文，以隸書書寫，再由林家雕版印行。

日治時代，林家避難於外地，將部分財務托友人保管，很多被私下賣出，其中就包含呂世宜的刻板。之後林熊光得知刻本下落，為購回刻本投下百金，終於物歸原主。林熊光也將刻本印刷數十部，分贈同好。

道光二十六年（1846年），呂世宜以《王羲之聖教序大觀帖》相贈林國華，並以隸書題之：

聖教序以未斷本為貴，昔人求之如恐弗獲，迄今更為難得，此卷本大關山房葉中書書文馥藏物，故有蘭谷印，卷首晉友軍「晉」字、末文林郎「文」字皆具，其為萬曆乙卯以前本無疑，家故有一本，遂以此本贈北樞先生，先生必能辨之。道光丙午十一月，呂世宜記。（吳守禮、林宗毅編，《呂世宜西村先生研究資料、臺灣

林本源家文物及資料》合編乾冊，1976年，東京定
靜堂）

　　跋後又有葉化成題跋，呂世宜與林家來往除了
師生關係，也有因兩者皆愛好金石而互相贈送的友
好關係。到了道光末年，呂世宜已近古稀，林樹梅
作《題呂西村先生小照》一詩，稱讚呂世宜品格如
梅花。三年之後，呂世宜卒於廈門。

第五章　呂世宜的研究

第一節　書法

　　呂世宜書法作品散見於臺灣地區出版的圖錄、呂世宜研究學者的文章、著作、海峽兩岸碑文、楹聯、石刻、匾額等書法作品及私人收藏之中。近年來，呂世宜書法的價值越來越被海峽兩岸學者、書法家所認可，其市場價值也節節攀升。以下說明，可以窺見呂世宜書法的作品沿革：

　　20世紀末開始，呂世宜的作品便開始作為臺灣清朝書法的代表，在臺灣各大文化機構、美術館出版的圖錄中收錄，主要有：

《明清時代臺灣書畫作品》臺灣行政院文化建設委員會（1984）

《館藏古今書畫專集》臺灣省彰化社會教育館（1989）

《翰墨飄香：南投縣立文化中心典藏臺灣先賢書法作品集》（1992）

《迎曦送晚三百年—竹塹先賢書畫展專集》（1993）

《書法之美：人與書寫藝術：館藏書法名家作品》高雄市立美術館（1995）

《謝鴻軒珍藏書法選集》新竹市立文化中心（1999）

《臺灣先賢丹青書畫展圖錄》臺北市文獻委員會（2000）

《臺灣先賢書畫選》臺北縣政府文化局（2001）

《汲古潤今：臺灣先賢書畫專輯》臺南縣政府（2003）

《東宵風雅—臺灣文獻書畫扇面專輯》財團法人大牛兒童城文化推廣基金會（2007）

《翰墨因緣：臺灣早期書畫專輯（二）》國史館臺灣文獻館（2008）。

　　而在各名家專著與文章中整理的呂世宜作品圖錄，主要有：

　　吳守禮、林宗毅同編《呂世宜西邨先生研究資料：臺灣林本源家文物及資料》中的圖錄

　　吳鼎仁所著《西村呂世宜》中的附錄

　　周明聰博士論文《臺灣書畫史上的板橋林家「三先生」—呂世宜、葉化成、謝琯樵之研究》中的附錄的《呂世宜、葉化成、謝琯樵書畫作品編年表》

　　由上可見，海峽兩岸的閩南地區、金門和臺灣，都存有呂世宜手書碑文、楹聯、石刻、匾額等書法作品。從吳鼎仁先生《西村呂世宜》叢書中可知，收錄了許多呂世宜在各地的碑文、楹聯、石刻、匾額等，所錄頗全，但還有遺珠。

　　根據筆者走訪整理，廈門所存的呂世宜碑文、楹聯、石刻、匾額等書法作品，主要在以下幾處：

　　1、南普陀普寺照樓後側石岩，有呂世宜隸書題石「都放下」、「咸豐四年正月重遊感書」，署

◆ 圖：呂世宜隸書《都放下》石刻，
拍攝於廈門南普陀寺後山。

◆ 圖：呂世宜隸書刻石，拍攝於
廈門市南普陀寺後山。

款：「七十一叟呂西邨記。」

　　南普陀寺藏經閣東側有呂世宜隸書題刻：「大清道光
十有二年歲次壬辰年七月五日己酉富陽周凱，侯官楊
慶琛，龍溪孫靈鴻，同安呂世宜，海澄葉化成同遊，
世宜隸石」。

2、廈門大屋山西南麓，大屋山旅遊景區內，建有呂世宜墓，原有呂世宜手書「**大清呂西村墓**」六字。

◆ 圖：呂世宜隸書《大清呂西村墓》基碑，拍攝於 2017.7.26. 廈門大屋山。

3、鼓浪嶼怡園，1890年林鶴年在修築怡園時無意中得到了呂世宜手書「**小桃源**」石刻，嵌諸於牆中。

◆ 圖：呂世宜隸書《小桃源》碑，拍攝於廈門鼓浪嶼林鶴年故居。

4、廈門同安妙建庵有呂世宜題刻柱聯。

◆ 圖：呂世宜隸書對聯，拍攝於
　廈門同安妙建庵。

5、海滄三都瑞青宮呂世
宜手書碑記。

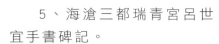

◆ 圖：呂世宜
　手書碑記
　來源，拍攝
　於海滄三
　都瑞青宮。

呂世宜在臺灣本島的書法作品，主要在板橋。金門也存有部份呂世宜碑文、楹聯、石刻、匾額等書法作品。

經過調查發現，廈門圖書館收藏多份呂世宜真跡與抄本、拓本，具有相當的研究價值，這些作品在之前呂世宜研究著作與文章中未曾所見，主要有：

《呂世宜墨寶‧西村先生法書真跡》（清道光咸豐年間稿本）
《呂世宜藏碑帖》（清拓本）
《呂世宜書刻》
《呂世宜墨寶》（清道光年間稿本）
《西村先生書廈門火神廟記》（清道光年間拓本）
《呂母黃孺人墓誌銘》（清道光年間）
《西漢古鏡記》（清道光年）
《呂西村先生真跡》（四十九石山房刻石）

而在書法拍賣市場上，呂世宜作品並不少見，經整理，近年來主要有以下四十餘件：

依呂世宜書法作品的風格，有以下幾種：

1、隸書風格
漢碑是隸書輝煌時期所創造的風格，具有無可代替的歷史價值和藝術魅力。但是，隸書自漢代以

後，在書法領域一直未被充分發掘與發揚，直至清代。清代書法家從藝術審美的角度重新審視了隸

◆ 圖：呂世宜隸書四聯屏，福建運動拍賣公司2014年拍賣圖錄。

◆ 圖：呂世宜隸書四聯屏，《臺灣文獻先賢：林熊祥父子與板橋林家史料特展圖錄》，國史館臺灣文獻館。

◆ 圖：呂世宜隸書《易經》，呂世宜西邨先生研究資料附呂世宜年譜臺灣林本源家文物及資料林維源略年譜合編前冊。

◆ 圖：呂世宜隸書四聯屏，《館藏古今書畫專集》。

◆ 圖：呂世宜隸書立軸，《臺灣先賢書畫選》，臺北縣政府文化局。

◆ 圖：世宜隸書橫聯，《翰墨飄香：南投縣立文化中心典藏臺灣先賢書法作品集》，
　　南投縣立文化中心。

◆ 圖：呂世宜隸書橫聯，《翰墨因緣 - 臺灣早起書畫專輯（二）》，臺灣文獻館。

◆ 圖：呂世宜隸書橫聯，《明清時代臺灣書畫》，行政院文化建設委員會。

◆ 圖：呂世宜隸書橫幅，《臺灣先賢丹青書畫展圖錄》，臺北市文獻委員會。

◆ 圖：呂世宜隸書五言聯，上海馳翰 2012 年拍賣圖錄

◆ 圖：呂世宜隸書五言聯，上海馳翰拍賣公司 2012 年拍賣圖錄

◆ 圖：呂世宜隸書四聯屏，《臺灣文獻先賢：林熊祥父子與板橋林家史料特展圖錄》，國史館臺灣文獻館。

◆ 圖：呂世宜隸書五言聯，廈門穀雲軒 2010 年拍品。

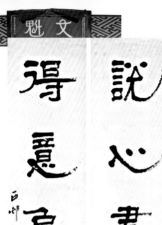

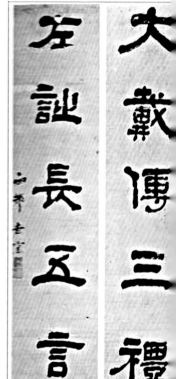

得意象難言

說心書有味

◆ 圖：呂世宜隸書五言聯，《謝鴻
軒珍藏書法選集》。

飲酒弄慕田霓士

彈琴訊史賈先生

◆ 圖：呂世宜隸書氣言聯，
上海馳翰拍賣公司 2012
年拍賣圖錄。

左�证長五言

大戴傳三禮

◆ 圖：呂世宜隸書五言聯《臺灣先賢丹青書畫展圖
錄》，臺北市文獻委員會。

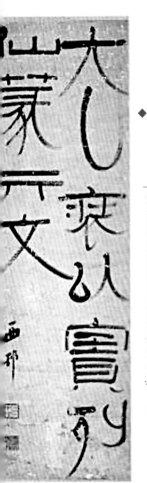

◆ 圖：呂世宜隸書立軸，《明清時代臺灣書畫》，
　行政院文化建設委員會。

◆ 圖：呂世宜隸書七言聯，呂世宜西邨
　先生研究資料附呂世宜年譜，臺灣林
　本源家文物及資料林維源略年譜合編
　前冊。

◆ 圖：呂世宜隸書八言聯，呂世宜西邨先生研究資料附呂世宜
　年譜臺灣林本源家文物及資料林維源略年譜合編前冊。

◆ 圖：呂世宜隸書扇面，廈門穀雲軒拍賣公司 2012 年拍品圖錄

◆ 圖：呂世宜隸書扇面，《臺灣文獻先賢：林熊祥父子與板橋林家史料特展圖錄》，
國史館臺灣文獻館

◆ 圖：呂世宜隸書扇面，《臺灣文獻先賢：林熊祥父子與板橋林家史料特展圖錄》，
國史館臺灣文獻館

◆ 圖：呂世宜隸書《鹽漢碑》冊頁，福建靜軒拍賣 2011 年拍名目錄

◆ 圖：呂世宜隸書銘筆筒，北京誠軒拍賣 2010 年拍品圖錄

故圖畫其像 戮黃龍白鹿之瑞 嶽之道德治精通 君昔在電池循峰 慶嘉 涼刀銘 匠燉 夏銅鼓銘 龍

◆ 圖：呂世宜隸書小品，《翰墨飄香：南投縣立文化中心典藏臺灣先賢書法作品集》，
　南投縣立文化中心

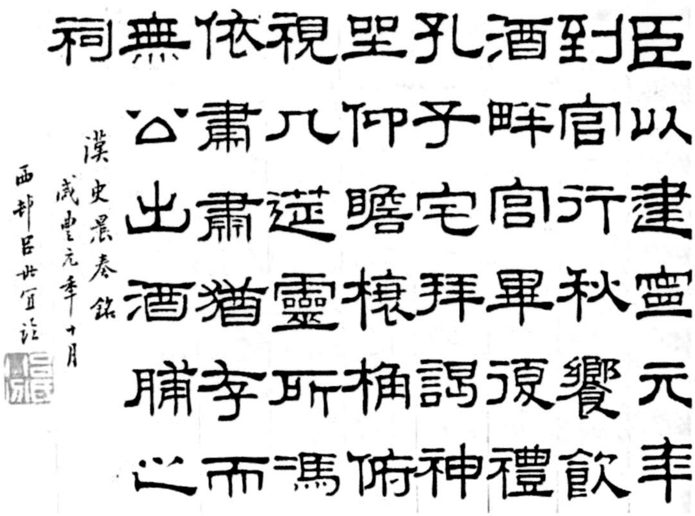

◆ 圖：呂世宜隸書 臨《漢史晨奏銘》，《明清時代臺灣書畫》，行政院文化建設委員會

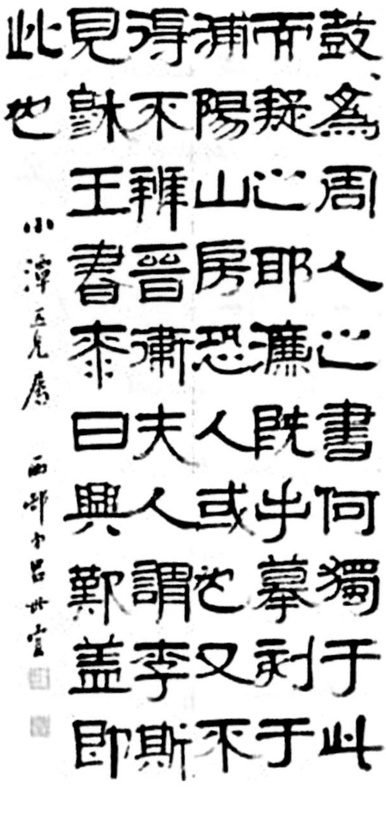

◆ 圖：呂世宜隸書，《汲古潤今：臺灣先賢書畫專輯》

189

◆ 圖：呂世宜隸書《林公平侯傳》，臺北市文獻委員會，《中原文化與臺灣》

◆ 圖：呂世宜隸書中堂，《臺灣先賢書畫選》，臺北縣政府文化局。

◆ 圖：呂世宜隸書中堂，《臺灣先賢書畫選》，臺北縣政府文化局。

▶ 圖：呂世宜隸書中堂，《臺灣先賢丹青書畫展圖錄》，臺北市文獻委員會。

◆ 圖：呂世宜隸書屏，呂世宜西村先生資料附呂世宜年譜臺灣林本源家文物及資料附林維源略年譜合編前冊。

（隸書拓本，漢《張遷碑》臨本）

從事殷無細　聞徵拜郎中　除殷城長馨　月出務不開　四門朋正出　僚休四歸賀

八戶苹民平　煩吟鄉隨就　丰落李慰高　摯種宿堅黃　巾初起燒平

城市斯縣獲　金子賤孔莫　其道區別孔尚　書五教君尚　其寬詩云　悵君隆其恩

東里潤色君伯　垂其仁邵君　分陝君懿于　棠

漢陽陵令張遷表
歲在癸巳八月二十七日
粉雨誌　[印]

書，使之在長久沉寂之後，終於重新煥發光彩。漢隸古樸、拙奇，筆法有則，但又具有自然的趣味，清代學者與書法家尤其崇尚它的古意和樸質，推崇備至。

呂世宜受當時學術氛圍所感染，隸書深有古意，並對同時代人的書法自有一番見解。他在《書虛舟跋韓勑碑後碑》中說：

王虛舟于此碑學之三年，凡五易稿，一意臨之七卷，跋語共一卷。所謂三折肱者，非耶。惜其書未嘗一睹。未審此公於隸法造詣究竟如何。余嘗見公所刻隸書二種，又于蘇鰲石先生家見篆書四幅，

皆人所能到者，則其隸法亦不甚相遠也。篆隸之學，絕之已久。國朝如鄭谷口、鄧石如，皆名噪一時，其所至不過爾爾，信乎古今人不相及，自成一家之難也。（呂世宜撰，廈門市圖書館校注，《愛吾廬匯刻》，廈門大學出版社，2010，第205頁）

呂世宜的隸書風格的形成，與其金石學研究是密不可分的。隸書創作在清代極其繁榮，隨著大量石刻的出土，碑石上的文字作為書法字體本身的藝術價值也日益受到重視。從呂世宜收藏的拓片和他的題跋作品來看，隸書是他研究最深的一種書法字體。當然，隸書也是他最擅長、也最有特色的一種字體。

然從書法實踐上來看，呂世宜的隸書風格多得力於漢碑，以篆筆入隸，方勁古樸、渾厚和穆、鬱拔縱橫。呂世宜傳世的隸書作品比較多，其中具有代

表性的有：呂世宜祖居古厝中的「文魁」匾、《褒斜道碑》扇面、南普陀寺「都放下」刻石等。

在呂世宜的隸書作品中，因年歲的變化，字體風格也多少具有變化。隸書按照收筆的提按以及線質的厚薄，可以分為三類：

一、線質挺勁、提按明顯。
二、過渡期，線條時而挺勁時而渾厚、提按不一。
三、線質渾厚、起筆濃重。

第一類作品的行筆挺勁，燕尾方折明顯，是早期就出現的特徵。但是此特徵均勻散佈在各年紀的作品中，無法確切分出時間的前後。

第二類與第一類、第三類都不相同，卻在作品中出現像是從第一類向第三類轉變的過程。燕尾已經漸漸被消去，取代的是直率一掃而過的線條，沒有特意形成燕尾的形狀，但是線質部分擁有第一種的挺勁，部分類似第三類才出現的厚實感，分佈的時間不是在最早也不是在最晚，散步在中間。

第三類的風格非常鮮明，濃厚起筆，單一線條內就可看見墨色乾濕，就單字而言，乾濕變化很大，線條非常厚實，只出現在1852年以後，是晚年才出現的書風，強調隸從篆出，寫隸書如同寫篆書。

2、篆書風格

　　清末著名金石學者楊守敬認為，清代篆書超越前代直接漢人，此種說法雖然僅僅代表一家之言，但是概括了清代篆書復興的熱潮。這一時期，不僅以篆書聞名的名家眾多，秦漢碑刻等文字資料搜集整理成風，而且學術研究也達到相當高度。從審美上說，清代的隸書講究「古（古樸）與「氣」（金

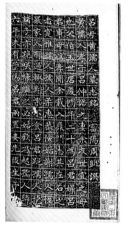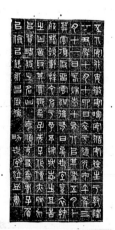

◆ 圖：呂世宜篆書拓片《呂氏黃孺人墓誌銘》，廈門市圖書館藏。

◆ 圖：呂世宜篆書《呂氏家廟》，拍攝於金門呂氏宗祠。

◆ 圖：呂世宜篆書銘筆筒，北京保利拍賣
2010 年拍品圖錄。

◆ 圖：呂世宜篆書端硯，浙江保利拍賣 2009 年拍品。

◆ 圖：呂世宜篆書銘，呂世宜西村
先生資料附呂世宜年譜臺灣林本
源家文物及資料附林維源略年譜
合編前冊。

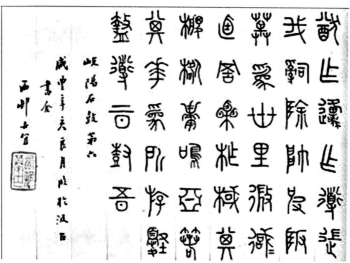

◆ 圖：呂世宜篆書 臨《石鼓文》，《明清時代臺灣書畫》，臺灣行政院文化建
設委員會。

石氣），形體上崇尚雋逸、蒼秀、瘦勁、圓整，章
法上講究疏落茂密、牝牡相得。

　　除了對同時代書法家的評論之外，呂世宜關於
篆書的書法理論可在他的《愛吾廬論書》中見到。
他說：

　　岐陽石鼓筆筆圓勁，字字專謹，字繁重者張而
大之，字簡約者束而小之，如其分而不求勻整，
此篆法之正也。李斯《琅玡二世詔》刻石，是從
此書。重刻《嶧山碑》不惟筆涉柔弱，而曲變為
直、小展為大，滿紙盡排比之跡矣。（呂世宜撰，
廈門市圖書館校注，《愛吾廬匯刻》.廈門大學出版
社，2010，第210頁）

他評論李斯的《琅琊二世詔》刻石是從之前說所的規則，而重刻《嶧山碑》，不惟筆涉柔弱，而曲變為直，小展為大，滿紙皆排比之跡矣。他最後總結到：

世人惟知篆筆尚瘦，瘦而不勁，何瘦之為？篆法尚勻，勻而不古，何勻之為？（呂世宜撰，廈門市圖書館校注，《愛吾廬匯刻》，廈門大學出版社，2010，第210頁）

也就是說，呂世宜認為篆書要瘦而有力，勻稱工穩。呂世宜對於「勻稱」也有解釋，他在《石鼓文跋》中說：

或大或小，或長或短，或偏或正，或寬或窄，各如其分，各適其宜，此篆之正也，嶧山而下，欲取整齊，勻如算子，便失古意。（呂世宜撰，廈門市圖書館校注，《愛吾廬匯刻》，廈門大學出版社，2010，第176頁）

呂世宜《愛吾廬題跋》中有《書虛舟跋韓敕碑後》一文，也對一些篆書書法家進行了評論：

篆隸之學，絕之已久。國朝如鄭穀口、鄧石如，皆名噪一時，其所至不過爾爾。信乎古今人不相及，自成一家之難也。（呂世宜撰，廈門市圖書館

校注，《愛吾廬匯刻》，廈門大學出版社，2010，
第205頁）

從上文引用的呂世宜小文可看出，他的篆書審
美的基礎，來自金石學上的收藏與研究。他的眾多
碑刻青銅古器，為他的篆書書學研究和實踐提供了
實物依據。有了這些豐富的實物資料，呂世宜書法
的金石氣和古樸才有了深厚的基礎和取之不盡的靈
感源泉。

呂世宜《石鼓文跋》一文，更加清晰地闡釋了
他對篆書的看法：

> 十鼓惟《薛氏鐘鼎款識》不蝕一字，余如《牛
> 氏金石圖》存三百二十二字。姚氏《因宜堂帖》除
> 重文外存二百十六字，半泐者七十四字，茲所存者
> 僅二百四十字。靈龍一鱗、威鳳一羽，彌少而彌珍
> 已。
>
> 篆書可據者莫如《說文》。按《說文》：尹
> 又，手也。左右，助也。無佐佑字。自元周伯琦、
> 張謙中、明趙古則、國朝段懋堂諸人皆主是說。今
> 第三石、第九石乃有左驂、右驂字，第七石有悉率
> 左右字。是不可解。
>
> 或大或小，或長或短，或偏或正，或寬或窄，
> 各如其分，各適其宜。此篆之正也。嶧山而下，僉
> 取整齊，勻如運算元，便失古意。（呂世宜撰，廈

門市圖書館校注，《愛吾廬匯刻》，廈門大學出版社，2010，第175-176頁）

　　從研究《石鼓文》，呂世宜得出篆書的精髓：字體大小、排列應該各適其宜，才是寫篆書的正確方法，如果太過追求工整均勻，就失去了古意。《石鼓文》碑康有為譽為「中國第一古物」、「書家第一法則」，雖然不少字跡已經湮滅，但是其遒厚的線條、參差多變的結構形體以及高古的風格，都被眾多金石學家和書法家所稱道。清代著名書法家如王澍、孫星衍、洪亮吉、鄧石如等，都研究過以《石鼓文》為代表的漢刻。

　　從書法實踐看，呂世宜的篆書作品數量並不多，風格結字工整、排列匀稱、筆藏中鋒，其中比較具有代表性的有《廈門志》中題簽《廈門圖》三字、林平侯畫像題字、摹《石鼓文》、臨《秦權銘》等。另據吳鼎仁先生所説，《四十九石山房研背初刻》中有篆字多種。

◆ 圖：呂世宜行書《善慧大士語錄》，廈門市圖書館藏。

◆ 圖：呂世宜行書 臨《祭黃幾道文》，廈門市圖書館藏

郤得異書且共揚雄説
奇字清榮碧玉環下
有老龍千古開知君好
事家有酒化為老人夜
扣關留後之孫書滿腹

少知音堂無攪舊手但
知覓来禽髙懷獨天子
一見捎豪金得之喜不寐
贈我素珠深公堂開後
閣凡木愧華簪裁培一

陰惜哉不可發霜根絡嘸
峯仙亂振髙標香寶㥄
平林偶隨檻檻生不為椎
牧侵怨驚黄茅嶺稍出
青玉鍼好事雄力取王城

王進寶方何用讀濠梁
空復五車多把上涇来一
篇旦

丙午七月十日　艮東坡書

西郭呂世宜

◆ 圖：呂世宜行書，廈門市圖書館藏。

晉侍中王操之書

操之等白得淺婢
書慰意今平先
數詞何不日姜頃

晉中書令王坦之書

餘書故常患反側
此崇佳渙之等白
坦之煌恐言不知己典

歎念增遠思得希
中書說海勉難
安隱深慰悲以俯
泠崖及知皆佳

晉王渙之書

渙之等白不審二婢
常患復何如馳情
倫直等平安計便

倫奴已應春道念
速適東五日動靜
差遠姑復小勝
與遂和耳得不盡

消息更不佳
夏之畫不次渙之
等書

◆ 圖：呂世宜行書書帖，廈門市圖書館藏。

晉司徒王廙書
告誓靜媛靜儀靜婡
此晦便當假葵永痛
抽剝心情分割不自勝
念汹等遹慟奈何
里

當奈何當後（）
得吉為慰腫轉差
芳悴勿勿力及不次王
劭再拜

晉謝裘書
晉安素自強吐且年
時尚可當延遲期豈
諂奄玉於此自畢遠
境二三

綿斷絕懷伏惟痛
當奈何奇汝奈何遣
涕不次廙頓八月廿
日

◆ 圖：呂世宜行書書帖，廈門市圖書館藏。

204

梁尚書王筠書

筍和南至節過念
衣暮深至情不可任
寒凝道體何如想
比清豫善不羸藝

猶不入愍盡少日望
可自力脫降訪口几
乃幸荅雲世南諮

投老殘年西崎已
逼桓憲僵忽歸巇
主壞盧乎實減真
不一言以此在懷顏耳

每惡慨群何
眷清勤洽皆東敘
造白王筍木南

◆圖：呂世宜行書帖，廈門市圖書館藏。

郑長官發問極真
而其三人相不蕩～將
如月故承後时有西
異書

示善南～～～～
終傷心

福力法師，捨離慶
俗投志法門專心講
誦宣揚妙典精誠
如此深副朕懷既利

益華生當不辭勞也
猶寒道體此且今
使人指宜注意

王辰暮玄學生悔文帝書

◆ 圖：呂世宜行書帖，廈門市圖書館藏。

206

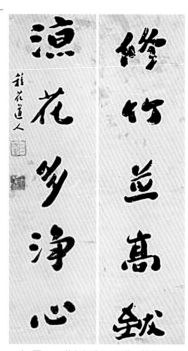

義之白 奉告承氣反側
伏想比安和 伯熊過入
之出釀大者可耳惟
垂心
廿二日義之報 近得書以
日又得永興書甚至在
在道五耳言殊奴尒沈
滯憂悴解日西近不
心心義之報
西邨呂世宜

◆ 圖：呂世宜行書 臨王羲之《奉告帖》、《近得書帖》，《明清時代臺灣書畫》，行政院文化建設委員會。

◆ 圖：呂世宜行書五言聯，福建靜軒拍賣公司 2012 年拍賣圖錄。

◆ 圖：呂世宜行書五言聯，林熊祥父子與板橋林家史料特展圖錄。

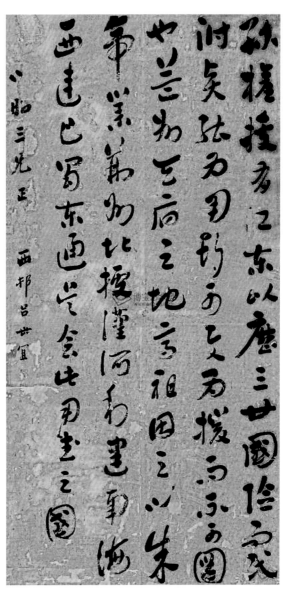

◆ 圖：呂世宜行書《隆中書》，上海馳翰拍賣公司 2011 年拍品圖錄。

◆ 圖：呂世宜行書中軸，臺北市文獻委員會，《中原文化與臺灣》。

◆ 圖：呂世宜行書銘筆筒，中國嘉德拍賣 2010 年目錄。

3、行書風格

在呂世宜的書法作品中，行書的是數量比較少，主要分為兩種類型，學習鄭板橋（鄭燮，1693－1766）風格和學習王右軍（王羲之，303－361）風格。

藉由呂世宜留下的行書作品及其他作品中的落款來比較，前後的轉變出現在呂世宜入住林家擔任西席之際。呂世宜入住林家之前，書風都還是偏向鄭燮的，而在入住林家之後，行書風格產生變化，逐漸趨向二王體系。呂世宜早期書法王羲之的《黃庭經》為小楷的典籍，從一開始的嚴守法度到後來率己而為，想要回到過去寫小楷時的端正心態已經不是易事。

4、呂世宜與伊秉綬之比較

為何將呂世宜與伊秉綬放在一起進行比較，一是二人都擅長隸書，通過比較同一時代的兩人的書法，可以進一步分析呂世宜書法的時代特點；二是從兩人的比較，分析出清代對於金石書法的主流審美觀念。

郭尚先曾經贈送一方「伯仲之間見伊呂」印章給呂世宜，這是對呂世宜書法的巨大肯定，將呂世宜推崇到伊秉綬一樣高的地位。雖然呂世宜和伊秉

綴在隸書上都追求復古，但是在氣韻的追求上並不
完全相同。

呂世宜在崇古的大方向上，對險絕的落筆較為
喜愛，他在《夏承碑跋》中說道：

昔人論書，云既得平正須追險絕。險非譎怪之
謂，謂其大膽落筆有辟易萬人氣勢，如此碑險極
矣。（呂世宜撰，廈門市圖書館校注，《愛吾廬匯
刻》，廈門大學出版社，2010，第180頁）

關於此種風格的推崇，從呂世宜《愛吾廬題
跋》錄《五瑞圖西狹頌跋》一文中關於伊秉綬的評
價也可看出：

結體甚平平近板，運筆甚緩緩近弱。伊墨卿先
生書祖此，然非善學者。

墨卿先生《思無邪齋朝雲墓志》、《白鶴峰題
後》，體格與此絕相類而風格少遜。以此知古人大
不可及。（呂世宜撰，廈門市圖書館校注，《愛吾廬
匯刻》，廈門大學出版社，2010，第179頁）

從上文看，呂世宜認為伊秉綬學習《五瑞圖西
狹頌跋》學得路子不對，主要問題是筆力不夠強，

還舉了《思無邪齋朝雲墓志》、《白鶴峰題後》的
例子來進行說明。伊秉綬學得不對的原因，呂世宜
覺得是因為筆力，不僅筆力不足而且還在於氣少，

列仙神化隘宇宙

先天地而御六氣

息是以至人無已

分流赴渤澥而求

崐閬者我

出於未地計大於

爭長於龜鶴秋毫

乎蜉蝣生於崇朝

縈利於寰塗何異

俄縉紳束名教於

曹繻

氏道甫

◆ 圖：呂世宜楷書 臨《京詩至德觀主孟法師碑》，廈門市圖書館藏。

呂世宜在《五瑞圖西狹頌跋》中進一步分析説：

> 書以韻勝，尤以氣勝。舍氣勝求韻便弱而無
> 骨，雖文亦然。此碑韻卻極好。（呂世宜撰，廈門
> 市圖書館校注，《愛吾廬匯刻》，廈門大學出版
> 社，2010，第179頁）

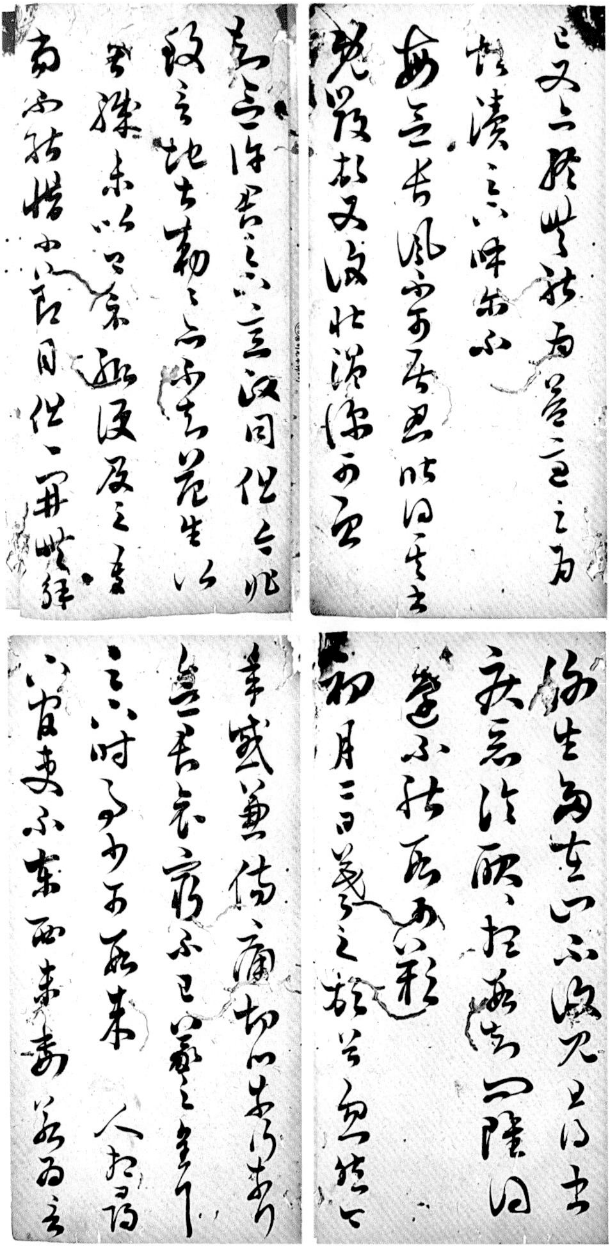

◆ 圖：呂世宜草書《臨王羲之帖》，廈門市圖書館藏。

◆ 圖：呂世宜草書《臨王羲之帖》，廈門市圖書館藏。

◆ 圖：呂世宜草書《臨王羲之帖》，廈門市圖書館藏。

◆ 圖左：呂世宜草書銘筆筒，北京保利
拍賣公司 2010 年拍品。

◆ 圖右：呂世宜草書銘筆筒，浙江錢塘
拍賣公司 2007 年拍品。

總的來說，呂世宜書法字型具有以下幾個特徵：

一、**筆尖沾墨**。呂世宜的隸書作品除了造型規整，還有飛白特多，一個單字就可以見數筆飛白及多次沾墨重新起筆的痕跡。就比劃而言，有的字比劃少，但是仍然沾墨不止一次。

　　二、由篆寫隸。呂世宜將篆書的結構以隸書來書寫，比如在「之」字的運筆上就經常如此，或者是單字的部分這麼變化，或者是將部分的部首用篆書寫法。用篆書方法寫隸書，是為了在作品中出現重複字的時候有變化。

　　三、字形向背。呂世宜對於文字雖然結構嚴謹但是動勢開張，經常左右的直線向內收縮，於收筆處運筆瀟灑，向外擴展，墨色變化急速。呂世宜在單字的表現上多呈現結構嚴密的狀態，字形於外留出的空間與字形內相比更加開闊。

　　四、是字形變異。在校對呂世宜作品的文字時，經常會遇到一位是呂世宜訛誤的字，其數量不可謂不多。作為一個小學家，再加上呂世宜性格嚴謹，而且就能力和個性上來說，呂世宜會容許作品中出現錯別字的機率並不高，尤其在同一篇作品中多次出現的可能性更低。這種情況經常是呂世宜將字型上下或者左右錯置，或者增筆、減筆，以產生字型的變化。

第二節 書學理論

其實，碑刻文字自其產生之始，就與書學有著天然的聯繫。現在，隨著兩岸藝文交流的盛行，金石學研究者對金石研究的逐步深入，眾多碑刻文字所蘊含的藝術特質漸漸被各地文史工作者及學界的重視，自然就會對研究者的書學產生影響，這些都歸功於前人努力的成果。茲就呂世宜的書學理論，說明如下：

1、《愛吾廬論書》體現的呂氏書學

在《愛吾廬題跋》後收錄了《愛吾廬論書》十則，主要內容是呂世宜書學理論，雖才僅僅不到千字，但可與其書法創作相互印證，加深對呂世宜書法風格和作品的理解。

《愛吾廬論書》中，有關於書法家與其作品風格的論述，評價了褚遂良、米芾等。比如：

褚河南《隨清娛墓誌銘》，王損庵《鬱岡齋帖》有之，筆意與《蘭亭》絕相似。（呂世宜撰，廈門市圖書館校注，《愛吾廬匯刻》，廈門大學出版社，2010，第209頁）

《隨清娛墓誌銘》全稱《故漢太史司馬公侍妾

隨清娛墓志銘》，錄於《鬱岡齋墨妙帖》卷九，文後有「褚遂良撰文並書」的落款（也有種觀點認為是偽作，是善學褚者為之）。關於此碑，還流傳有褚遂良夢見隨清娛，隨女乞書墓志的故事，因此，又被稱為「夢碑」。

呂世宜認為褚遂良此作風格、意趣與《蘭亭》十分類似，推崇頗高。的確，如呂世宜所判斷的，褚遂良對於「二王」書法的研究功力精深，他所臨摹的《蘭亭集序》廣為流傳，被認為是探求「二王」筆法的最佳範本。米芾對褚遂良的《蘭亭》摹本推崇備至，佩服得五體投地，米芾之子米有仁也評價褚遂良是「得羲之之法最多者」。褚遂良臨摹二王書法，王獻之《飛鳥帖》、王羲之《樂毅論》等也是其代表作。呂世宜以一句簡練的「筆意與《蘭亭》絕類似」道出了褚遂良此帖的最大特點與精髓。

對於書法拓片的辨別，呂世宜也有自己的心得，比如在關於《文皇哀冊》這一作品的爭議上：

《文皇哀冊》，米元暉、宋潛溪俱以為河南書，喬簣成以為唐人書，唯王虛舟直以神似米老，疑為米老書，其說適與鄙意合。米老凡臨摹古人，無不神似，但時露本色耳。（呂世宜撰，廈門市圖書

館校注，《愛吾廬匯刻》，廈門大學出版社，2010
，第209頁）

　　對於各大家對《文皇哀冊》這一作品的見解，
呂世宜信手拈來，歸納了米芾和宋潛溪（認為其作
者是褚遂良）、喬簣成（認為是某位唐代書法家所
作）和王虛舟（認為是米芾所書）的觀點爭議後，
直述自己的觀點—贊同是米芾作品。他的理由是，
米芾臨摹古人一般都很神似，但是還是會露出自己
的本色特點。從這個判斷，可以看出呂世宜對於米
芾的書法作品十分熟悉，因此才能從大量的經驗和
知識積累中，歸納出米芾的這個特點。

　　**褚河南書，直是百煉鋼化作繞指柔。王虛舟評
為外露柔閒，中含挺勁，得之矣。而昔人僅目為
瑤臺嬋娟，不勝羅綺，何其陋耶。**（呂世宜撰，廈
門市圖書館校注，《愛吾廬匯刻》，廈門大學出版
社，2010，第209頁）

　　在此篇中，呂世宜將褚遂良書法風格歸納為「
百煉鋼化繞指柔」，十分形象生動。他贊同王虛舟
對的看法，認為褚的書法雖然外露出柔，但是其內
卻蘊含著力量。呂世宜所鄙夷的昔人「瑤臺嬋娟、
不勝羅綺」的評價，應是指張懷瑾所言。張懷瑾
評價褚遂良書法「若瑤臺青瑣，窅映春林；美人嬋
娟，似不任乎羅綺，鉛華綽約，歐虞謝之。」但是

蘇東坡也說褚遂良「骨氣深穩」、米芾說他「鏘玉鳴璫」，可見如說褚遂良是「瑤臺羅綺」一派，是片面的評價。

　　呂世宜評價書法從內而外，除了形象，也看筋骨。《愛吾廬論書》中，還有討論學習書法的心得的，比如：

　　昔人論作書，一須人品高，二須師法古，三須用力勤。松雪非不步趨逸少，而卒成為松雪，人品異也。吳琚一生瓣香南宮，晉宋人書，目不一睹，取法下也。朝學執筆，莫誇其能，將古所謂墨成池、筆成塚者，皆欺我也耶？有志學書者，願三復斯言。（呂世宜撰，廈門市圖書館校注，《愛吾廬匯刻》，廈門大學出版社，2010，第209頁）

　　呂世宜借古人的觀點道出自己學習書法的心得：人品高、師法古、用力勤，還舉了趙孟頫、吳琚兩個反面例子。趙孟頫是宋太祖趙匡胤的十一世孫，一生經歷宋元之變，以宋宗室宋人仕元朝，在歷史上留下諸多爭議。「薄其人遂薄其書」，因其為人品格上的瑕疵，其書風也受到一部分人貶低。吳琚同樣是南宋書法家，他一生致力於學習北宋米芾的書法，不看晉宋人作品的作法，不被呂世宜所贊同。筆塚墨池的典故來自書法大家懷素和王羲之。懷素在綠天庵出家修行，種蕉練字，將他寫禿了的筆都埋於一處，竟成一塚。庵正北70餘步有墨

池，是懷素洗硯處。而王羲之練字把一池水都染黑的「墨池」典故，更加有名。

故，呂世宜在短短幾十字中，化用了四位書法家的典故，表達自己對學習書法的心得與決心。無論是鍛煉自己的品格，使其與書法作品合二為一，人品表現在書品上，書品反映人品，還是勤奮不怠，筆塚墨池的精神與毅力，還是學習高古的書法價值取向，這些都是無法一蹴而就的，需要長時間，甚至一輩子的堅持才能達到。呂世宜提出的學術書法的三點要求，也是他自己一生奮鬥的目標。

《愛吾廬論書》可看出呂世宜對唐碑、漢碑的推崇備至：

鉤摹之善者，下真跡一等，此指馮承素一流人。後無繼者，故云買雙鉤帖不論錢也。今世仿帖如停雲館、戲鴻堂，猶不能無議，何況餘子？善乎王盧舟之言，曰：「論晉唐小楷，於今日但須問其佳惡，不必辨其真偽。」數千年來千臨百模、轉相傳刻，不惟精神筆法全失，並其形模亦盡易之。故求大楷唐人碑碣，雖斷蝕之餘，猶見庸人本來面目。若求晉人小楷，於今之類帖，腐木濕鼓，了乏高趣，豈惟不得晉，並不得宋真名論也？故余家藏鐘鼎款識外，大半漢唐碑版，仿帖則落落如晨星

矣。（呂世宜撰，廈門市圖書館校注，《愛吾廬彙刻》，廈門大學出版社，2010，第209頁）

　　為什麼要研究漢唐碑版而不是書帖？呂世宜認為經過長時間的臨摹與流傳，字帖已無法完全表達書法作品完整真實的精神與筆法，甚至連字型等外部形象都已經在時間的變遷與轉刻傳播中變形了。呂世宜十分自豪地說，自己收藏的大部分都是漢唐碑版，仿帖很少。

　　此篇觀點與上文引用過的呂世宜「師法古」學書要求是一致的，可見呂世宜不但對自己提出要求，而且在實踐中一以貫之。他注意到資訊在傳播過程中會因干擾或傳遞環節過多而出現「失真」的現象，這是十分先進的理念。

　　現代傳播學研究指出，資訊的傳遞受到干擾、傳遞環

節的影響。傳播環節越多，資訊越不完全傳遞，逐漸遠離原來的面目，而干擾也與資訊失真的程度成正比。要獲得真實的資訊，自然就要追溯其源頭。因此，呂世宜提出就算是斷蝕的唐碑，也能讓人看到本真面目，這就是對資訊失真問題的解決方案。

雖然篆書不是呂世宜最有代表性的書法字體，但是他在《愛吾廬論書》中有兩則與篆書有關的記錄：

> 岐陽石鼓筆筆圓勁，字字專謹，字繁重者張而大之，字簡約者束而小之，如其分而不求勻整，此篆法之正也。李斯《琅琊二世詔》刻石，是從此書重刻。嶧山碑不惟筆涉柔弱，而曲變為直、小展為大，滿紙盡排比之跡矣。世人惟知篆筆尚瘦，瘦而不勁，何瘦之為？篆法尚勻，勻而不古，何勻之為？
>
> 唐人工於楷書，篆隸非其所長。八分如史惟則、韓擇木、張廷珪輩，古今稱為名家，亦一時之雄。去漢人，難以道理計也。篆則參以楷筆，有不成方圓者，宜李少監俯視一切，自謂李斯後身。（呂世宜撰，廈門市圖書館校注《愛吾廬匯刻》，廈門大學出版社，2010，第210頁）

呂世宜認為岐陽石鼓表現的筆力圓勁、大小合宜、搭

配得當但不求均勻整齊是書寫篆書的正確方法。那種認為篆書就是齊整、排比、追求瘦而忽略勁、追求均勻而不法古的觀點，不是正確的書寫篆書應抱持的原則。

關於草書，呂世宜認為當仁不讓、無爭議地應以王羲之《十七帖》為宗：

> 草書以右軍《十七帖》為宗，此定論也。芝、素兩家，非天下高妙者斷不能學，亦不宜學。黃長睿獨祖述索靖，極古雅。時一為之，亦墨池家韻事。（呂世宜撰，廈門市圖書館校注《愛吾廬匯刻》，廈門大學出版社，2010，第210頁）

另外，學習張芝、懷素的草書，則需要評估個人的能力與性格，不是心性高妙的人，不能學，也不適合學習。而黃長睿也頗受呂世宜青睞，因為他「古雅」，符合呂世宜「師法古」的書法審美。

對於寫小字，呂世宜也有自己的心得，他認為顏真卿的《千祿字書注》，和《麻姑壇記》都是寫小字的典範。至於《告身》則字細到跟蟲子一樣，但是仍然具有生活的活力，讓呂世宜十分感歎：

> 魯公書，小者有《千祿字書注》，最小者有《麻姑壇記》。至戲鴻刻為朱巨川書《告身》，細乃

如虱，而縱橫跌宕，如生龍活虎不可束縛。使李後主見之，不知猶謂叉手並腳如田舍翁手？（呂世宜撰，廈門市圖書館校注《愛吾廬匯刻》，廈門大學出版社，2010，第210頁）

從上文摘錄的《愛吾廬論書》內容可看出，碑刻對呂世宜書學理論的影響不可謂不大。呂世宜本身也是一名優秀的金石學研究者，他的書學理論和碑刻、和金石學緊密相關，這是十分自然的結果。

第三節　金石

在清代金石學書法發展的過程中，金石書法與金石學研究相得益彰，互成表裏。碑刻出土越多，摹拓流傳越廣，學者與書法家對之研究越深，金石學書法越盛。呂世宜對秦漢碑刻的搜集鑽研不遺餘力，他臨摹歷代碑帖，促進了自身隸書、篆書風格的形成和確立。

在呂世宜的金石作品中，四十九石山房刻石和自作墓記是呂世宜的代表作。「四十九石山房」與呂世宜淵源非淺。四十九石山房主人的「主人」是前文提到過的林墨香，呂世宜《林墨香小傳》一文中說到「四十九石山房」的由來：

> 嘗刻其家墓銘，余見之以為佳。君謂余言：「書佳？」余曰：「書不甚佳，君不別求佳，輒一一如其不佳，是以佳耳。」君意省，益自肆力，索余作篆隸法鐫之，大小得四十九石，目曰初刻，君之名由此震，君之齋號「四十九石山房」，亦由此定，可君殊頊頊不自得。周觀察芸臬先生物色君，以余知君，問曰：墨香，何師？」余對曰：「墨香無師，以人之書為師。」先生為之作《四十九石山房記》。（呂世宜撰，廈門市圖書館校注，《愛吾廬匯刻》，廈門大學出版社，2010，第43頁）

　　《四十九石山房硯背初刻》是呂世宜為林必瑞
所題之硯，共計四十九篇，所作時間為道光九年。
吳鼎仁先生從金門學者許維民處得到《四十九石山
房硯背初刻》的影印本，並將其內容摘錄於著作《
西村呂世宜》中：

　　鵝群閣（圓印：九枚）、樽棳閣（附西村銘：
月不放人暝）、師稽福銘（附西村銘：頑皮漢子賣
言處）、「詩書迺聖賢供案，妻妾乃屋漏史官」、
「東頭屋趁庚申築，南面屋從甲乙探」（西村自
撰銘文）、大吉昌洗、章和洗、「迺亦有秋」、「
長生無極」（西村自撰銘文）、甘泉山漢刻殘字、
「石癲」、「火滅脩容慎戒必恭恭則壽」、（西村
自撰銘文）、上古墳壇石（附西村銘：以書醫之）
、「工文枯若木，處世鈍如錘」、「百年三萬六千
日，一日需廁三百杯」（西村自撰銘文）、秦蜀守
李冰堰官碑（附西村銘：恥與群小計較長短量）、
丙午神鈎銘、魏景初帳構銅銘、「橫書哭古人，士
大夫愛錢，書香化為銅臭」、「不可時施，只以自
嬉」、「餘生冀進釀王封」（西村自撰銘文）、定
冊帷幕（附西村銘：聊以謞牢騷不平之事）、「
薑尾狼心滿世間」、「褆躬正不從丁屈，見事尤
能共丙明」（西村自撰銘文）、尚方弩機銘（附西

村銘：昂藏且放時人咲）、元嘉刀銘（附西村銘：
道光九年歲在己丑十月造）、「研琢荷葉墨寫竹，
荷不染兮竹不俗。願君結此清淨緣，日磨三幅升千
月」、「只此七尺五，無丙三萬六」（西村銘硯香
畫竹硯上，己丑二月，西村書銘硯背，而墨香刻
之。該硯為橢圓形）、陶陵鼎蓋銘（附西村銘：
每提首領評知己，肯帶鬢眉見要人）、昇專銘（附
西村銘：等閒人不是閒人閒不得）、永昌椎銘、「
長壽」、「居不必無惡鄰，會不必無損友」（西村
自撰銘文）、漢鬥撿封銘（附西村銘：使人之意也
消）、「味無味處尋吾樂，才不才間閒此身」、「
以漚我為我漚為我即漚」（西村自撰銘文）、始建
國刻石（附西村銘：佞佛可以懺罪，則刑官無權）
、「伏地董？器」、「富貴家宜學寬，聰明人宜學
厚」（西村自撰銘文）、建平郫縣碑、「四十九石
山房研背初刻」、「明月清風我」（西村自撰銘
文）、西漢魯孝王刻石、周匯敦銘、輯如畫竹硯、
漢吉利銅器銘、晉太康釜銘、書契既造銘（附西村
銘：瘦骨載野心）、建初銅尺銘、李冰誓江神碑、
？宅銘、秦平陽封官銅器銘、好時鼎銘、永平七
年銘（附西村銘：平生不作皺眉事，天下應無切齒
人）、延光壺銘、「人生未行樂，千歲亦為殤」、
「火滅脩容慎戒必恭恭則壽」（西村自撰銘文）、
西林巨石研銘、女有大量研銘、祀三公山碑、韓勑

碑、楊孟文碑、魯峻碑。(吳鼎仁,《西村呂世宜》,金門縣文化局,2004,第67-70頁)

　　《四十九石山房刻石拓本》是呂世宜臨古代金石碑文的作品,道光十五年(1835)刻,林墨香撰集並摹刻。《四十九石山房刻石拓本》全部是隸書,其內容有:

　　秦權銘、中平洗、尹宙碑、郭有道碑、王瑞圖題字、西漢孝王刻石、開通褒斜道石刻、嵩岳太室石闕銘、郙閣頌、孔宙碑、西嶽華山廟碑、沛相楊君碑、置百石卒史碑、李苞題名耿勳碑、李孟初神祠碑、永元六年刻石、禮器碑題名、蒼頡廟碑石側、齊太公呂望表、石經儀禮大射禮七行、重刻桐柏淮源廟碑、戚伯著碑、武梁祠畫象題字、夏承碑、王基碑、廣武將軍?產碑、孔謙碣、曹全碑、朱君長題字、耿氏燈銘、白石神君碑後、曹全碑陰、熹平殘碑、元康鐫門銘、陽泉使者舍熏爐銘、杜陵壺銘、武氏石闕銘、司隸校尉楊孟文頌、延光殘碑、孝堂山石室畫象題字、敦煌太守裴岑紀功碑、仙集留題、北海相景君銘、漢五銖泉母銘、晉澡槃銘、魯峻碑、永元雁足燈、校官碑、書言府弩機、祀三公山碑、張壽碑、衛尉卿衡方碑、宋洪氏急就章注、虞仲翔祠碑。

此帖有跋十則，時間跨度從道光壬辰（1832）到道光乙未（1835），依次為周凱、趙在田、楊慶琛、孫雲鴻、葉化成、張開福、周綸、梁章鉅、黃開鼎所作，其中黃開鼎題跋有兩則。（周小英，《讀帖小槧》，新藝術，2008年2月刊）

《四十九石山房刻石拓本》原為林硯香、林墨香所有，兩人相繼謝世後，歸號為若穀的收藏者收藏。呂世宜有記：

此余辛卯年間為此君庵主人硯香、墨香所書石也。是時，余好小書，硯香好余書，墨香好刻石，遂共作此瑣碎事，實不足當大雅一噱也。若谷先生見而好之，拓百本，復假友人致？石，囑作《有是樓仿古》。余嘉其意，為擬秦、漢以來篆隸數十種答之。而粵中少刻手，至今十閱星霜未就也。會硯香兄弟俱歸道山，若穀出重貲，購之。於是，向之藏此君庵者，今歸有是樓矣。夫若穀於余未謀一面也，以筆墨之故，其勤勤懇懇之至，與硯香兄弟共相朝夕者，同其嗜好，齊其顧慕，則余於若穀猶其與硯香兄弟也。而辛之硯香兄弟之所有，復為若穀之所有，豈不異哉！為書其顛末而書其後。道光乙巳蠟節西村世宜記。（周小英，《讀帖小槧》，新藝術，2008年2月刊）

　　周小英《讀帖小札》分析，呂世宜跋中所説的
若榖，應姓易，根據《從帖目》記載，推測他得到
《四十九石山房刻石》還不到半年，就把呂世宜為
他縮臨的歷代碑刻也刊刻了，名為《有是樓刻石》
二卷，刻手則是古岡州李兆樗香雨氏。

　　周小英並摘錄了《有是樓》的跋文兩則，一
為張開福所作，另一為呂世宜作于道光二十五年
（1845）：

　　漢人碑刻得久存於世，賴傳模者多，如《隸
釋》、《隸續》所載全文，今什不得二三，其石亡
者猶可證據，則洪氏之力也。同安呂西村孝廉，工
於隸，又蒐羅漢刻，每得一本，輒手摹百十遍，于
古人用意所在如自己出，不必求似而全神具得。既
節臨四十九石本，又為粵東友人縮摹全碑約六十餘
種，津逮後學之心至矣。近日縮摹漢碑，金匱錢氏
泳、太倉王氏曰申，皆較精于褚氏《金石經眼錄》
，然但求其貌似，恐不若西村孝廉之遊行自在耳。
後百餘年，其功不在洪氏下。道光戊戌四月，孝廉
招同人集愛吾廬作餞春詩，觀此因記。海鹽張開福
石匏。

　　有是樓仿古二卷，上卷，戊戌年春作，下卷，
今乙巳七月作也。先是易君若榖見余所書四十九
石刻，囑友人林雪衣郵書作此，余書其半，留其
半，以刻手不大肖似遂止。今年夏，若榖復以書促
之，中間相去近十年，忽忽如夢中事。若榖者好弗

衰，而余目力筆力則遠不如前，甚可慨也。乙巳十
二月朔呂世宜記。（周小英，《讀帖小祭》，新藝
術，2008年2月刊）

從上文可知，《有是樓刻石》分為上下兩卷，
上卷作於道光十八年（1838）春，下卷作於道光二
十五年（1845）七月，中間相隔七年。

以下附圖為四十九石山房刻石、四十九石山房
硯背初刻及拓片：

◆ 圖：呂世宜書《四十九石山房刻石》拓片，廈門市圖書館。

乃委其榮忠告思勤還省
生不聽高譽殘來命名永夫
不升嘗載揚譽　孔宙碑
播恭儉自絕盡匿不陳
之字是秩是望集帷容
左漢中葉建設宇堂山嶽
兼命斯重尊脩靈基壽

塲明德馨神歆其芳
遘禳凶札斁歆吉祥歲其
育丰民說無疆　西嶽華山廟碑
祈服份本充庭罰果泝得
武棱攗貳文懷宜遠人
呂和巳平　淮源楊君碑

孔興元丰六月甲辰朔十
人日辛酉魯相平行長史
事下守長擅邪頭泫罷敢
言之司徒司空府王寅詔
書為孔子廟置百石
一人掌主禮器
昌元四年十二月十日溫飯將軍浮亭

以淮出平氏始於大復潛桐
行地中見于陽立廟桐
柏春秋宗奉災異告
早請求位比諸典聖漢所
尊周列封氏衛城邑而為
貴漢之上明恩時　重刻桐柏淮源廟碑
駕漢

益州刺史上黨公諱元豫三代侍中
右鄉建忠將軍撫護軍扶風大守
遷壽國侯諱元子諱產安君君東
德淵元萬韻絕沵文爭武烈令問孔
術拱持挺匡肭歓王忠訓殊墨宰攻
欽士顯援沲錫令

廣武將軍產碑

府泉勃海大國功憙澳童
止選位至屬國都尉泉晃
山子豫州一萬學應鄉舉
宮市遇諜村呂剛譽位安措東
宮室臨營持朝館委位捐爾調
東諜村一呂委位充爾調王
東龍持進朝庆大僕先先禄傅

威伯著碑

維大秦建元四季歲在丙辰十月日
廣武將軍節使持節冠軍將軍
村貞在公集力
憲章填塞昭此物則居則
聲言絢析無形
元本道化致思六經剖判

燕元璽三年正月十日主
薄程疵家傳白石將軍毅
吾祠今日為大所燒
士河東支氏收茂孝十二百
縣三老晉量伯祖玉百
鄉三老司馬集仲褢玉百

白石神君碑陰

官吾碑陰

236

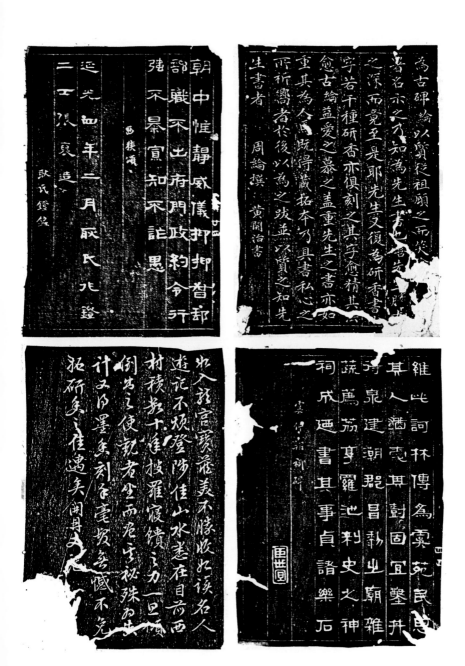

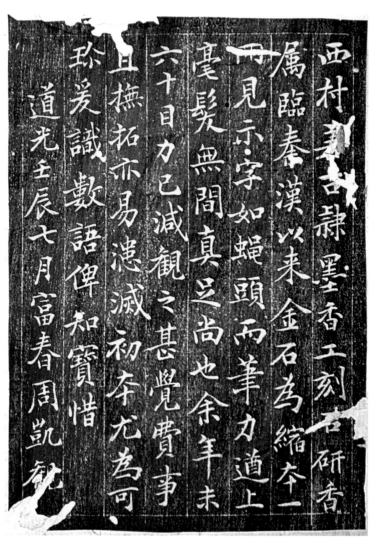

西村劉古隸墨香工刻古研香

屬臨奏漢以來金石為縮本一

再見示字如蠅頭而筆力遒上

毫髮無間真足尚也余年未

六十目力已減觀之甚覺費事

且撫拓亦易德滅初不尤為可

珍愛識數語俾知寶惜

道光壬辰七月富春周凱觀

◆ 圖：呂世宜書《四十九石山房刻石》拓片，廈門市圖書館。

林上倉香有硯癖有印癖有
畫癖迨既余書又肯嗜痴癖其
弟墨香工刻石癖與遂兄同疆
余吉鐫之余以三君癖痴之奧世
樂爲之書東涂西抹九四十九
且絕不計觀者咲者然肯屬
昔又將指余爲佪癖此邪嗜
道光廿五秋九月西邨世宜並美誠

◆ 圖：呂世宜 四十九石山房硯背初刻，《西邨呂世宜》，吳鼎仁。

239

◆ 圖：呂世宜 四十九石山房硯背初刻，《西邨呂世宜》，吳鼎仁。

240

　　除了四十九石山房刻石之外，呂世宜的金石代
表作，還有其自作墓記。上世紀八十年代，呂世宜
墓被盜，《呂西村自作墓記》硯流傳於外，被世人
發現。該硯全文412字，蠅頭小楷寫成，1989年
金門收藏家許丕符購入收藏，後又被金門吳鼎仁收
藏，並率先將此發現公諸於世。摘錄如下：

　　呂世宜西邨，名世宜，號不翁，廈門呂孝子謙
六公之元子。嘉慶戊辰秀才，道光壬午舉人，其加
京官翰林院典簿銜，乃友人林君樞北為之請，非其
志也。性戇直，不苟同于人，尤不顧人之是非。
人曰然，翁或以為不然；人曰可，翁獨以為不可，
故號曰不翁也。孝子公之歿也，翁益貧，以舌畊，
而嗜古如饑渴者之於飲食。遇古圖書、古彝器、金
石刻、奇書妙畫、名研名印，必拮据致之，積四十
載，凡得書若干，藏器若干。樞北君弟小山愛之，
贈以二千金。人為翁喜，翁曰：「子謂我幸而得
之，我蓋不幸而失之，我半生有用精神，盡銷磨於
此也。」人又以為翁愚，翁年四十以隸名於時。其
始，人亦非笑之，翁弗聞，嘗自言：「所刻小字《
四十九石山房帖》、大字《先君孝子碑》、《張公
玉田去思碑》，具得漢人意，必傳無疑。」其自以
為是也如此。閱所習舉子業，輒不滿，曰：「不異
人意，毀之。刻文鈔六十餘篇，筆記三卷貽人。人

無有寓目者，翁哂曰：是真不可時施也耶？」其不自知其非也又如此。病且篤，猶日以所著《古今文字通釋》十四卷、《歷代碑帖題跋》一卷、《千字文通釋》四卷未刻，囑其友誠甫與其徒守謙，語刺刺不能休。翁殆九死而未悔者歟。翁作斯記，為咸豐四年五月十五日，年七十一矣，後莫知所終。（吳鼎仁，《西村呂世宜》，金門縣文化局，2004，第14頁）

硯背最後鐫刻後人增刻呂氏之生卒紀銘：

翁生乾隆甲辰五月午日午時，卒咸豐乙卯五月朔日辰時，粵七日葬大厝山二十六間舊穴，內寅申艮坤丙寅丙戌分金外艮坤莫申。（吳鼎仁，《西村呂世宜》，金門縣文化局，2004，第14頁）

◆ 圖：於廈門大厝山的呂世宜墓（拍攝於 2017.07.26）

　　從自撰墓記看，呂世宜葬於廈門大厝山，地點十分明確。但是，直到2006年才被發現。2006年底，廈門一名書法愛好者在廈門雲頂岩晨練，經過大厝山旅遊景區時，無意中發現一塊墓碑上有他熟悉的呂世宜書法，經過辨認，發現寫的居然是「**大清呂西村墓**」六個大字。現在，呂世宜墓已被廈門市列入涉臺文物古跡進行保護，原呂世宜親書墓碑被移入博物館，以一複製品代為展示在原處。

　　清道光年間，金石學大行其道，形成盛況，許多文人，特別是具有社會影響力的朝臣，都投入金石學研究領域。在此影響下，民間對於金石學的熱情也空前高漲。在不斷發展下，金石學的研究也漸漸深入，從作品本身開始進入對文字載體的研究。

　　金石學的發展壯大，給清代書法帶來了新的意旨與趣味，擴大了書法審美的外延，魏碑、石鼓文、印文、銅器銘文等都成為書法家模仿的對象。同時，對於金石學的研究也進入精深的專門領域，除了目錄學、考據學以及文字音韻、訓詁外，對漢字本身的流變的研究也成為金石學的重要內容。

　　呂世宜除了金石實踐外，也致力於金石學研究，並有留下著作，具有一定影響力。《愛吾廬題跋》收錄呂世宜鼎銘、碑帖、磚瓦等題跋共七十

八篇，是呂世宜在金石學研究方面的代表作品。《愛吾廬題跋》有林維源作序，道出呂世宜對金石碑刻的深厚感情。他敘述了編撰《愛吾廬匯刻》的由來—在刊印《古今文字通釋》之後，他將呂世宜手稿按照時間和文章所研究的金石類別，編輯成書。

林維源對呂世宜在金石學方面的研究與成就，十分推崇，他說：

> 先生以八法負盛名，每得一墨本，輒能辨其刻之真贋、拓之後先，間系論斷，率從心得而出。唯其知之也深，用能言之也確，蓋視歐陽諸公若合符券焉。生平所書《四十九石山房石刻》，得者比之璠琥，零縑斷素亦往往尚多。讀是編者，可以知先生筆法之妙之有自來矣。（呂世宜撰，廈門市圖書館校注《愛吾廬匯刻》，廈門大學出版社，2010，第171頁）

從林維源的描述可見，呂世宜對金石的熱愛之深、研究之深。呂世宜接觸金石學研究資料經驗豐富到可以對拓片的真偽、拓印的先後順序、風格等都第一時間作出判斷。

雖然《愛吾廬題跋》最早出版於1879年，因不同時間出版故有四版次，但有關題跋部分的內容無異，不同的是前後增加的附加資料。筆者依其題跋

內容區分為記錄類、闡述類、引用類，由闡述性內容與引用性內容交互對應討論，以確切理解呂世宜在鐘鼎彝器上的識見，區分標準分為：

第一類　記錄類：只紀錄鐘鼎彝器與碑帖的外觀描述者。

第二類　闡述類：凡於題跋中有說明自己的看法者。

第三類　引用類：凡於題跋中有引用前人的看法者，以後第二和第三類為討論主軸，試圖從中窺見呂世宜學書的歷程與思想，《愛吾廬題跋》版次目前出版的有原刻本、癸亥本、重刊本、標點本、文獻、重刊本一共五版，如下說明：

一、是原刻本（楷書體）：木刻本，於光緒五年（1879）由林維源〈1840－1905〉校刊，現存日本京都大學桑原文庫及東京靜嘉堂文庫，桑原文庫由桑原武夫〈1904－1988〉捐贈，靜嘉堂文庫收藏守先閣的舊藏本。原刻本被藏於京都桑原文庫及東京靜嘉堂文庫。

二、是癸亥本：鉛字本，由林熊光鉛印於江戶，出版時間為1923年癸亥初春，只是傳本已少，目前還有漢華文化出版一叢書《藝術賞鑑選珍續輯》與郭葆昌的《觶齋書畫錄》合輯成一冊。於書封面後有印「癸亥首春板橋林氏重刊」，後有西

邱先生授經之堂的照片一張，還有呂世宜的對聯一件，後內容同原刻本，有林維源的小引和《愛吾廬題跋》，最後是林熊光（1897－1974）的跋。

三、是重刊本：1974年出版，林宗毅重刊，依據癸亥本付印，付印前才知原刻本現藏於東京和京都，並於癸亥本中發現有所訂正仍付印出版。與癸亥本不同的是於林維源在原刻本就有的《愛吾廬題跋小引》前增加林維源、林祖壽的照片和生卒，還有周凱的「青鐙課讀圖」一件，呂世宜隸書和行書對聯各一件，於全文後有兩則林宗毅的跋。

其一是寫重刊本，雖依癸亥本複印，但去除原癸亥本中的呂世宜授經之堂的照片和呂世宜的作品照，增加林維源和林祖壽的照片和周凱的作品，和另外兩件呂世宜的作品照和由呂世宜所贈的《明拓集王聖教序》及呂世宜跋聖教序。

其二是附記，寫重刊計劃已定才發現原來收藏原刻本的地方，雖然馬上加以連繫，然重刊本付印在即，又舉將原刻本和癸亥本比較後發現確實有更正的部分，於是記錄於附記中，文後的附錄《明拓集王聖教序》刻本的第一面有林熊光收藏印三方：「磊齋所藏」、「林熊光印」、「朗菴審定」，另有其他三方印模糊不得辨；刻本末有「蘭穀」、「林朗庵鑑藏印」，另四方印不得辨。附錄最後以呂

世宜跋聖教序作結。

四、是標點本：於1975年由林宗毅依桑原文庫藏本之微卷影印編刊，且參照靜嘉堂文庫藏本，並請吳守禮標點後出版。

五、是廈門文獻重刊本：廈門圖書館校注─廈門大學出版社，2010.3

經過統計，《愛吾廬題跋》內容包括《焦山周鼎銘跋》、《周散氏盤銘跋》等古代金石銘跋九篇，《石鼓碑跋》、《秦琅玡臺刻石跋》等刻石跋六篇，《延光殘碑跋》、《曹全碑跋》等石碑跋二十篇，《八風壽存當瓦跋》等磚瓦跋六篇，《張遷表跋》、《集王聖教序跋》等表序記書跋三十七篇。

《愛吾廬文鈔》中也有金石考據研究的內容，比如《西漢古鑒記》、《明監國魯王墓碑陰》等。

清代學術中，金石學是重要的組成部分，對清代書法產生了深刻的影響。金石學的「金」指有銘識的銅器，「石」則古代石刻上有文字圖像者都可包括。一般認為，五代以前，並無專門研究金石學的學者。直至宋代，才有學者專攻金石學，並且

人數不少，論著頗豐，產生了呂大臨、薛尚功、黃伯思、趙明誠、洪邁等名家，流傳有歐陽修《集古錄》等金石學專著。至此，金石學才成為一門專門的學問，躋身學術之林。

金石學研究有以下三種功用：

一、**幫助考訂**。金石學可以用於論證的同異、修正史料的謬誤、補充歷史記載的缺佚，考證文字的變遷，是學術研究中重要的第一手資料。

二、**用於文章的辨析**。因金石作品中的文字資料豐富，對於文章的淵源、體制研究來說，也十分重要。

三、**作用於書法等藝術**。金石學對藝術實踐的影響，十分深遠，對金石學的研究促成了清代書法創作的復古風潮。

正是因為金石作品上有銘文銘誌，因此才和書法有了關係。文人最初通過金石作品上的文字進行考證景點，後來才逐漸將銘文等當做一種書法風格來進行審美觀照。

那麼，具體來說，清代的金石學和書法的相互影響體現在哪裡呢？這一時期，對金石的研究範圍

不斷擴大，出現了對金石上的文字記載本身進行研究的趨勢與潮流，許多學者開始從藝術的角度研究金石。比如，著名清代學者翁方綱就著有《兩漢金石記》、《焦山鼎銘考》，阮元則有《南北書派論》、《北碑南帖論》等。金石研究越加深入，其研究的外延也不斷擴展，內容上不斷突破，對金石學上文字記載的形體的研究，直接促進了書法的發展。學者對金石作品上漢字形體的溯源、流變進行研究，它們身上所蘊含的特質也被發掘出來。

到了呂世宜所處的道、咸時期，碑刻研究幾乎成為了書法研究的基礎。許多在清代對金石研究與書法創造進行研究的學者，都成為了著名的書法大師，比如楊守敬、吳昌碩、康有為等。

與呂世宜相似，清代許多著名書法家同時是金石學學者，也是書法理論家，他們將金石學研究成果應用與書法藝術的創作領域，並進一步講自己的創作經驗加以總結，完善為書法理論，又指導了後代書法家的創作實踐。

清代金石對書法產生啟發，主要表現在關於古典書法關於「氣」和「骨」的兩種審美進入書法作品。古代中國書畫的審美範圍之一為「氣」，表現在金石書法上，就是「金石氣」。青銅器上的銘文和石刻上的文字因時光的流失而產生自然的風化

和剝蝕效果，表示出一種特殊的味道，這種「金石氣」的趣味在於體現歷史感、古樸感，也就是時光之美、力度之美。

具體來說，可以從三個方面分析金石書法的獨特審美。

一、**是力量之美**。金石文字大多為鑿刻或澆鑄而成，筆劃常常形成芒角，因而顯得筆勢突兀而犀利，意氣昂揚，氣勢猛烈，讓人感覺有活力，有棱角，有力量。金石之氣的欣賞，就包含這對這種凌厲之鋒的骨力的欣賞。這種力量之感，也相同於中國傳統審美範疇中的「骨」。

二、**是樸拙之美**。和帖學書風所體現的精巧、妍美、流便的特點相比，金石文字所代表的碑派書風就體現出了一種樸拙之美。老子說：「大巧若拙。」為什麼大巧、真正的巧反而會貌似拙了呢？原因在於這種樸拙是由文化狀態向自然狀態回歸，是返璞歸真。從西方美學的觀點來說，也就是消除人的異化和物化。

三、**時間之美**。金石中的文字經過漫長的時間，染上了時間的印記，比如外形上的風化、剝落等，雖然有所損壞，但是卻也堅韌、頑強。金石之美，就是一種歷史感的美、永恆感的美，是瞬間和永恆的對比。

陳慶鏞在《籀經堂類稿》中對呂世宜的文字學研究成就評價很高：

　　吾友西村，嗜學好古，讀書自束髮識字，寢饋凡四、五十年。治經先以聲音訓詁，其於一詞一字，古注有異同者，必明辨而縷分之。讀史則博綜上下，判黑白，別是非，故其搖筆纏纏數千言，其簡處則又一語不苟下。余觀其論澠池，論與夷，及擬昌黎、伯夷頌，答李詡、衛中行、呂豎山人諸作，識見高卓，即起唐、宋諸賢，亦莫不傾至。所撰碑誌及傳記，動與古會，出入經史而不自知。

　　西村同年郵□屬弁語，實事求是，獨能於本朝閻潛邱、錢潛研、劉武進諸先生外，獨辟己見，補所未備。其辨仞古籀，則直追倉史源流，掃洪、薛、歐、趙而空之。折衷貴當，能發六書神恉，書視桂氏筍樸，篇帙稍簡，而醇實過之，即以是為筍樸之續也可。（廈門市地方志編纂委員會辦公室編，《廈門市志》[民國]卷二十二藝文志，1999，第482-495頁）

　　呂世宜著作主要集中在古文、筆記、書法金石學以及地方志書的編撰。另外，《廈門志》記錄呂世宜作品中有《呂西邨類稿》，但因已佚，不知其具體內容。但是，在陳慶鏞《籀經堂類稿》卷十二中，有《呂西邨類稿》序存世，寫道：

　　凡學之患患在於不能入，尤患不能出。業籍不
輟，一輟輒遺，即偶有一二得心，而于古人莫能
晰。…吾友西邨，耆學好古，讀書自束髮寢年，其勤
於始也能入，其妙終也能出，出入之足以剪繁蕪之
失，辨足以息群喙之鳴，然後馳求於是而後止。…西
邨治音訓詁，其於一辭一字，古注有異同者，必明辨
崖略己見，讀史則博綜上下。是昨故其搖筆纚纚數千
言，其簡處則又？觀其《論澠池》、《論與夷》及
《擬昌黎伯夷頌》…諸作，識見高卓…(廈門市地方志
編纂委員會辦公室編，《廈門市志》[民國]卷二十二藝文
志，1999，第482-495頁)

　　從這則陳慶鏞所作序可以看出，《呂西邨類
稿》是呂世宜讀史以及文字學研究的一些文章，有
的篇目如《論澠池》、《擬昌黎伯夷頌》，與《愛
吾廬文鈔》中的文章存在雷同。

　　另外，呂世宜流傳於民間的作品，尚有如下圖
者：

◆ 圖：呂世宜篆書、隸書 臨碑銘，《明清時代臺灣書畫》，行政院文化建設委員會。

◆ 圖：呂世宜《臨古法》書冊，北京誠軒拍賣公司 2011 年拍名圖錄。

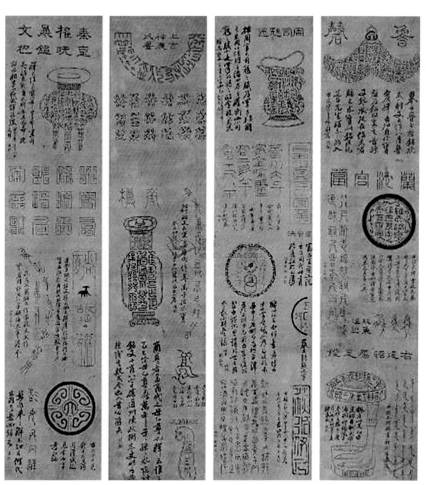

◆ 圖：呂世宜、周凱書法銘文四聯屏，福建頂信拍賣 2007 年拍品。

◆ 圖：呂世宜書法八屏聯，廈門恒升拍賣 2004 年拍品。

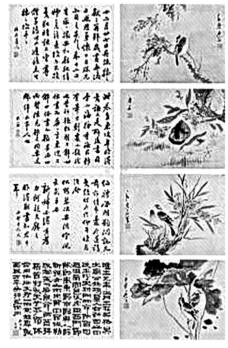

◆ 圖：呂世宜、汪志周隸書花鳥合璧冊頁，保利上海拍賣 2005 年拍品。

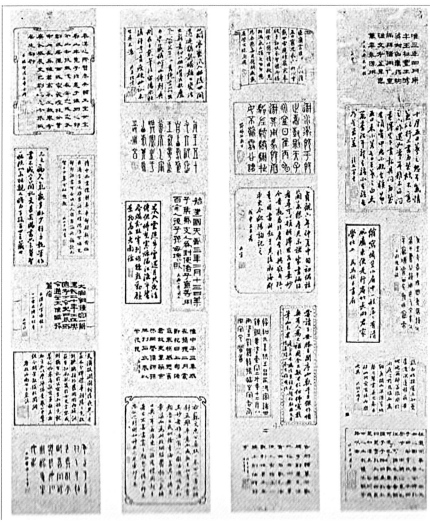

◆ 圖：呂世宜書法四聯屏，《迎曦送往三百年：竹塹先賢書畫展專集》，新竹市立文化中心。

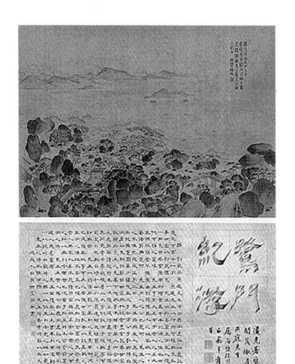

◆ 圖：呂世宜等書《鷺門紀遊圖卷》，中國嘉德拍賣 1998
年拍品圖錄。

追求，使其對古文字的考證也深具功力，其古文作
品《愛吾廬筆記》、《古今文字通釋》和《千字文
通釋》就是例子。

第六章　呂世宜的著作

第一節 《愛吾廬筆記》與《古今文字通釋》《千字文通釋》簡介

　　清代考據學處於歷史上的全盛時期，考據學的突出成就是小學，包括文字學、音韻學、訓詁學。文字學的研究是以《說文》為中心而展開的。清代研究《說文解字》的就有200餘人，其中在專題探討方面作出貢獻的有50人左右，卓然成為大家的有4人，即段玉裁、桂馥、朱駿聲和王筠。呂世宜《愛吾廬筆記》、《古今文字通釋》和《千字文通釋》等著作就產生於這樣的時代背景和基礎之上。

一、《愛吾廬筆記》

　　呂世宜所從事的文字學成果，屬於音韻和訓詁方面，這在中國傳統分類中，是屬於「小學」。有學者認為，正是清代小學為主題的漢學的興盛，導致了金石學的復興。反之，對金石學的研究，又促進了小學的革新。故清代許多研究小學，特別是《說文》的學者，也擅長金石學，且擅長書法，很好體現了小學、金石學與書學的匯通，比如顧炎武、

王夫之、孫星衍、翁方綱、沈濤和俞樾等（當然，也包括呂世宜）。

在藝術上，這些學者在《說文》的影響下取法金石文字，自發地進行書法藝術的實踐，實現了這三者的融會貫通，具有共同的特點：都在金石學研究領域成就卓著、書學研究上都以古文字為主、書法藝術實踐上都以古文字為表現對象、書法風格則以隸書和篆書為主。

《愛吾廬筆記》除了文字考釋文章外，更多為呂世宜研讀經說、經義考據的心得筆記，共有三卷，是將其數十年平日記錄於日記之中的小文編為叢書的結晶。

《愛吾廬筆記》成書於呂世宜晚年，於清道光二十八年（1848年）刊刻，時呂世宜六十五歲，「避居江潯，以金石圖史自娛，種竹栽花，不入城市」（呂世宜纂，廈門市圖書館校注，《愛吾廬彙刻》，廈門大學出版社，2010，第168頁），林樹梅一再拜訪呂世宜，後為呂世宜該書校對文字。現廈門圖書館藏有清道光以古為鑑之齋藏刻本三冊，後經廈門圖書館校釋，收入《愛吾廬彙刻》叢書。

清代筆記文體盛行，形式多樣，社會上除了講述風俗、文藝等內容的筆記之外，還有以筆記、

札記為形式的學術心得、還有考據為主要內容的筆記。比如，顧炎武的《日知錄》、錢大昕的《十駕齋養新錄》、何焯的《義門讀書記》等。呂世宜《愛吾廬筆記》的形式與何焯的《義門讀書記》類似，是作者讀書研經隨有所得，隨筆記錄，因此文章形式上並無統一體例。

內容上，《愛吾廬筆記》包含經義發正、文字考釋等，引經據典、旁徵博引，內容十分豐富，全面展示了呂世宜在經史校勘、文字考證、音韻、訓詁、點評等方面的深厚功力和成就，可概括為以下兩個方面：

（一）是經史發正。呂世宜《愛吾廬筆記》中對經義的發正的文章篇幅最大、用功最深，評閱的經史包括《大學》、《中庸》、《論語》、《孟子》、《詩經》、《左傳》、《穀梁》、《公羊》、《史記》、《漢書》、《後漢書》和《三國志》等。《左傳》在呂世宜筆記中出現頻率最高，上卷就有29則，如《左傳》昭公十二年「鄭伯男也」的斷句、隱公八年中「諸侯以字為謚」的「謚」字的辨誤、襄公十四年中「庾公差學射于公孫丁」中「差」、成公十三年「戮力同心」的「戮」的正音，等等。

　　（二）是文字考釋。在《愛吾廬筆記》續卷中，有許多文字考釋的內容，主要是呂世宜對《說文》、《六書正訛》的考據和注解。比如《說文·系部》「紛、馬尾韜也」中「韜」字含義的勘正、《說文·口部》中「右」與「又」轉注的質疑等。

　　具體分析呂世宜《愛吾廬筆記》經義發正、文字考釋內容，包括註釋、校勘和考證。註釋是指運用校注的形式把書籍的錯誤校訂，然後再進行正確的解釋。文章的字音、詞義、通假、人物事蹟、名稱、典故、引文等都可進行註釋；校勘則是對文章中脫文、衍文、倒文和錯誤進行更正；考證是對文章的創作背景、作者思想、人物品評等進行分析。呂世宜在註釋、校勘和考證上注義，採百家所長以釋經義，所引用的文章都考證有據、信而有徵。

　　註釋字音，如：

　　《左》隱公八年傳：「諸侯以字為諡，因以為族。」《注補正》陸氏曰：「按鄭康成駁許叔重《五經異義》引此傳云：諸侯以字為氏，今文作諡，傳寫誤也。」

　　世宜按：文通篇只論氏族，無一語及諡法，不獨此句諡當為氏，即請諡句亦當作請氏也。（呂世宜撰，廈門市圖書館校注，《愛吾廬匯刻》，廈門大學出版社，2010，第79頁）

註釋詞義，如：

　　《小雅·巧言》：「秩秩大猷，聖人莫之。」
汪氏《經義知新記》謂：「莫當作漠。」
　　蓋本《毛傳》訓莫為漠，《爾雅》以謀訓謨，
又以《釋文》有莫又作謨之語，因有是說。世宜
都郝戶部《爾雅正義》：「漠者莫之假音，莫與漠
通。」但《爾雅》多假借《毛詩》。「秩秩，猶條
條也。」、「猷，謀也。」俱見《爾雅》。「莫，
定也」，見毛《皇矣》傳。以此為訓，未知有當
否。　（呂世宜撰，廈門市圖書館校注，《愛吾廬匯
刻》，廈門大學出版社，2010，第91頁）

　　校勘衍文，如：

　　《檜風·萇楚》：「樂子之無知。」《集傳》
以知為知識之知，《群經識小》本《爾雅·釋詁》
，訓知為匹，與下三、四章「無家無室」合可從。
但謂《毛傳》訓同，今檢《傳》，無之，何也？（呂
世宜撰，廈門市圖書館校注，《愛吾廬匯刻》，廈
門大學出版社，2010，第89頁）

　　校勘脫文，如對《左傳》文字考釋的文章：

《左傳》昭公十三年：「鄭伯男也，而使從公侯之貢，懼弗給也」賈侍中云：「男當作南，謂南面之君。」

此誤以鄭伯為句。鄭字當一讀，伯男即伯子男省文耳。故下接而使從公侯之貢焉。若謂南為南面之君，則子產不當自稱其君曰鄭伯。（呂世宜撰，廈門市圖書館校注，《愛吾廬匯刻》，廈門大學出版社，2010，第75頁）

二、《古今文字通釋》

《古今文字通釋》，原題《宜罘識字》，後改今名，是呂世宜晚年著作。《金門志》載：

「愛吾廬文抄」三卷、「筆記」二卷、「古今文字通釋」三十四卷國朝呂世宜撰。世宜以善隸書知名，而文格在王半山之間。筆記議論，雖不盡醇，而發明經義處亦多。二書已刊；「通釋」藏於其徒林維讓家，尚未刊行。（林焜熿總修，《金門志》卷十四藝文志著述書目，臺灣文獻史料叢刊第二輯（38），臺灣大通書局，1975，第371頁）

《金門志》記載《古今文字通釋》有三十四卷，實為有誤，應共有十四卷。並且，《金門志》

提及《古今文字通釋》藏于林維讓家，尚未刊行，
也是有誤。根據周凱在《金門志》序所說：

　　林生焜熿，金門人也。從余修「廈門志」，遂
以自任採掇遺籍、搜羅群志，且遍歷山川，按其形
勢；兵制求之官書、遺事訪之父老。凡二年，得「
金門志」若干卷，其體例悉從「廈門志」。（林焜熿
總修，《金門志》周序，臺灣文獻史料叢刊第二輯
（38），臺灣大通書局，1975，第1頁）

　　《金門志》編撰的時期大約在道光十六年
（1836），此時《古今文字通釋》的確尚未付印，
但在光緒5年（1879）《古今文字通釋》就由林維
源出資精刻刊行，之後又有兩度由林家後人付印發
行，共三次付印。

　　第一次印刷
　　林維源在《古今文字通釋》序中提到：

　　維源少與先伯兄遜伏同受業于西邨先生之門
時，先生年蓋高矣，日孳孳治經、治金石、治古
文辭，未嘗有日陳暇。所撰《愛吾廬文鈔》、《
筆記》之屬業已鏡棄墨楮，散在人間。閒嘗以暇日
進伯兄于前，授以手著《古今文字通釋》叢書，諄

諄諄懃懃，思為傳世者甚，棘兄謹受而弆之，未及殺青，而先生夢奠，維源與兄復移家海東鯤島。⋯忽忽者二十餘年，去遂伯兄俎謝，維源慘怛之餘，益復無厓，偶檢其書簏，得當日先生手授之稿，蟫蠹鑽蝕，幸未漫湮，而零紙殘纖，棽如素系，適莊養齋舍人理棹東歸，因郵商諸陳鐵香起士，細加讎勘，畀之削人，以畢吾兄未竟之緒，而先生諄諄懃懃之心，亦藉手克告無罪焉。（林維源，《古今文字通釋》，續修四庫全書經部，上海古籍出版社，1995年，序頁）

據此得知書稿當在廈門交付林維讓，二十餘年未能付印，推測是林維讓體弱多病之故。林維讓卒後，林維源取得書稿，已經是「**蟫蠹鑽蝕**」，幸能即刻刊印，流傳於天壤之間。

第二次印刷

　　《古今文字通釋》第二次印刷是在1922年，移居鼓浪嶼的維源之子林爾嘉，因《古今文字通釋》原刊歲久板佚，傳本寖尠，於是決定重刻，收入《菽莊叢書》第一種。林爾嘉記錄了此次刊印的情況：

昔者吾先子與吾世丈遜甫公同受業于先生之

門，為日甚久。先生嘗以是編授遜甫公，遜甫公受
而藏之，久未及殺青，而先生歸道山矣。越二十有
餘年，遜甫公亦下世，先子檢其篋得是編，亟付剞
劂，是為光緒祝犂蟬焉之歲秋七月也。校讎之役則
莊養齋舍人與有力焉。（林爾嘉，《古今文字通釋》
跋，續修四庫全書經部，上海古籍出版社，1995
年，跋頁）

第三次印刷

第三次付印則是在二十世紀之七十年代。僑居
日本的林維源之孫林宗毅，為了紀念呂世宜誕生一
百九十年、林本源家遷臺二百年與四叔父季丞公八
十大壽，於1975年重刊《古今文字通釋》。這次的
重刊，林宗毅鑒於所藏僅有《菽莊叢書》第二種《
閩中金石略》，《古今文字通釋》迄未一見，決意
加以重印。

當時臺灣僅臺灣大學有菽莊重刻本，係林家的
林履信所捐贈，林宗毅認為因念臺灣大學為其母
校，原有意用臺灣大學所藏底冊付版，但因臺灣大
學借出影印規定森嚴，未能完成此計畫。後來，林
宗毅影印再往日本搜尋，得知京都大學及東京「東
洋文庫」均有菽莊重刻本《古今文字通釋》，而且
京都大學文學部的「桑原文庫」居然保存光緒原刻

七冊。林宗毅於是求助「桑原文庫」負責人桑原武夫博士，獲得攝影微捲，連同菽莊本微捲，交由臺大吳守禮教授進行影印及校勘事宜，《古今文字通釋》終於再次面世。

兩種版本之差異

《古今文字通釋》最能體現呂世宜在古文字學方面的研究水準，是其在訓詁、音韻方面的代表著作。**該書從段玉裁的《說文解字注》中選擇重文字、或體字、經典異文字、篆隸減變字、假借字、俗體字等約四千多字，進行疏注。「其注釋略音韻而重形義，且多得其要，可謂精通六書之旨。」**（呂世宜撰，廈門市圖書館校注，《愛吾廬匯刻》，廈門大學出版社，2010，第4頁）

《古今文字通釋》有兩種版本：一為清光緒五年(一八七九)福建龍溪門人林維源校刻本；「歲久版佚，傳本寖勘，幸得舊本為校勘而重刊之」，是為民國十一年(一九二二)龍溪林爾嘉菽莊刊本。菽莊刊本收入《續修四庫全書》二三六冊，經部，小學類，見上海古籍出版社《續修四庫全書》本。兩版本出入很少。

《古今文字通釋》正文共分十四卷，卷首分別為呂世宜自敘、林維源序、陳柒仁序。

每卷前列目錄（即列出本卷所收字頭），釋字體例按照段玉裁《說文解字注》的體例排列部次，擇其中四千三百五十三字，用說文解字注者十之六，補說文解字注者十之三，正說文解字注者十之一。略音韻而媾講形義「楷書字頭下先列反切（絕大多數與《說文解字注》同，少數因排版致誤），然後列出詞義，第四列出書證。

最後分析字形，術語「籀文、古文、通作」等。部份字頭對許慎原文並未全引，對段玉裁的注解也多增刪而折衷之，補充了部份段玉裁未引的文獻資料，增加了許多字頭的通假分析，以及各字頭的古文、隸變的情況。但對於字義的注解，則一仍說文解字注，與說文解字注相異的個人創見極少。

時人對《古今文字通釋》的評價可見陳柒仁所作序：

同安孝廉呂西邨先生，精篆隸之法，盛有時名。沿波訂原，因而究心六書之旨。所著《古今文字通釋》十四卷，取金壇段氏《說文》之注而甄擇之，凡重文者，或體者，經典異文者，篆隸變者，假借者，通用者，俗作俗消者，蓋4353字。依郭氏部居，詳為疏證最凡，用段注者十之六，補段注

者十之三，正段注者十之一。略音韻而尃講形義，于先生之書，可謂能得其要者矣。我朝說文之學，推為絕詣，始一終亥之說，學僮胥知，蓋幾于家叔重而戶汮矣。而段氏之書，獨復出於嚴錢鈕桂之上。雖其武斷者有可議，而其精確者則不磨。先生獨取材于段，增刪而折衷之。然則知段注之善，即可以知先生之書之善。精而審之，拓而充之，以之治六書，可以之治群經，亦無不可。(上海書店出版社編，中國地方志集成，《福建府縣志輯》3，〔民國〕廈門市志，卷二十二藝文志，上海書店出版社，2000，第439-440頁)

而當代研究者對《古今文字通釋》的研究文章十分罕見，至今只見林奎良《<古今文字通釋>》研究一文。林在文中提出，這是一部具有較高研究價值的著作，原因有四：

一、是徵引群書、碑刻文字，在考辨文字時援引了大量文獻典籍資料，體現了呂世宜的文字功力。

二、是補充了《說文解字注》已有注解，或補充字義方面的訓釋，或補充通假等現象的文獻材料。

三、是補充了《說文解字注》通假方面的字例，增加了893對通假字例。

四、是訂正了許氏、段式錯謬之處。

三、《千字文通釋》

《千字文通釋》這本書是呂世宜對《千字文》的釋解，現已失傳。但是《廈門志》中有列出此書，並摘錄時人對此書的評價：

《課餘讀錄》云：乾嘉之際，閩以篆、隸名家者，上游則伊秉綬墨卿，下游則西邨。墨卿宜大，西邨宜小。其四十九石山房所臨漢隸縮本，極為精工，較之錢梅溪，似勝數倍。此書為楊雪滄過錄，欲為之刻未刻也。雖所釋不過千字文，然有本之學，源委分明。小生抱書入學堂，以此為先河之資，亦可不迷於所往矣。（上海書店出版社編，中國地方志集成，《福建府縣志輯》3，〔民國〕廈門市志，卷二十二藝文志，上海書店出版社，2000，第440頁）

第二節　古文研究

從以上《愛吾廬筆記》、《古今文字通釋》、《愛吾廬文鈔》等現存文字學研究著作來看，呂世宜古文研究的主要特點有：

一、考古不泥古

林樹梅在為《愛吾廬筆記》所作跋中說呂世宜「其著作說經、說字，一皆根求要理，必考諸古，亦不囿於古。」（呂世宜撰，廈門市圖書館校注，《愛吾廬匯刻》，廈門大學出版社，2010，第168頁）　呂世宜自己在《愛吾廬筆記》中有許多看法可印證林樹梅對他的評價。一是他對於研究經史的嚴謹。二是呂世宜考古但不拘泥於古。比如，他說「漢人解經有未敢信者」（呂世宜撰，廈門市圖書館校注，《愛吾廬匯刻》，廈門大學出版社，2010，第78頁），再勘《十二諸侯年表》誤後，提出「《史記》千古良史，人無敢議。其立論則不可儘信。」等等。

二、是旁徵博引

在呂世宜的古文研究著作中，可以發現，他的小學功底十分深厚，在考辯文字時，引用大量的文獻典籍資料。呂世宜經常引用的文獻，經傳類如《

詩經》、《尚書》、《春秋公羊傳》、《禮記》、《孟子》、《史記》等。

三、是發揮金石優勢

在《古今文字通釋》中更可以見到,除引用一般典籍之外,呂世宜還以自己擅長的金石學為印證,融入古文研究。比如,他在《古今文字通釋》中就有以鐘鼎款識、金石銘文為印證,涉及《秦詛文》、《漢石經》、《曹全碑》、《郭仲奇碑》。

清道光版《廈門志》為呂世宜之老師周凱所主編,成書于道光十二年(1832),周凱《內自訟齋文集》中有《廈門志序》,說明編撰由來:

周凱以道光十年冬,觀察閩南政事,餘閒披覽載籍,二府、一州、一廳、九縣之志,莫不備具;適重脩通志,奉檄採訪近聞,得薛起鳳鷺江志而讀之,所載皆當日時事,並詩歌,而於政事之要,未暇詳備。殆筆記、雜記之書,未可以云志。因復網羅散軼,搜摭群言,稽之會典,徵諸案牘,與士子相效訂,越二年而書成。凡若干卷,名曰廈門志。惜邊地狹隘,文物無多,自宋以上,唐有薛令之、陳希儒二人,餘無概見。惟於本朝掌故,庶幾賅舉,用備後來者之遵率。(《內自訟齋文集》,道光二十一年刊本,臺北:中央圖書館臺灣分館藏,卷十

一，第9頁）

　　呂世宜是此版本《廈門志》的總校，分校諸人還有林鶚騰、莊中正、楊廷球。雖然周凱是總編，但是他始終沒有看到刻印後的志書。道光十六年（1836年）周凱回任臺灣道後，書稿藏在呂世宜家，在他逝世後方由新任的興泉永道黎攀鏐、福建水師提督陳化成、廈防同知蔣鏞、署廈防同知盧鳳棽和水師參將孫雲鴻等人捐款，于道光十九年（1839年）刻成。

全書共分十六卷：

卷一、圖載：廈門圖，御碑亭圖(附：宸翰)，萬壽宮圖，朝天宮圖(附：匾額)，風神廟朝宗宮圖(附：匾額)，玉屏書院圖，紫陽書院圖。

卷二、分域略：沿革，形勢，山川（寺觀、古跡、石刻附），都圖，街市（墟集附），塘埭，津澳，鋪遞，官署，書院，倉廒，祠廟，坊表，墳墓（附）義塚，（附）育英堂。

卷三、兵制考：歷代建制，職官裁設，兵額裁設，汛防，會哨，操演，班兵，官俸，兵餉，優恤，馬匹，戰船，軍器。

卷四、防海略：建置，汛口，汛地，炮臺，島嶼港澳（附：潮信、風信、占驗、臺澎海道考、南洋海道考、北洋海道考。

卷五、船政略：戰船，商船，漁船，小船，洋船，

番船。

卷六、臺運略：額數，配運，專運。

卷七、關賦略：海關，戶口，田賦，鹽課，地稅，船稅，漁課，渡稅。

卷八、番市略：東洋，東南洋，南洋，西南洋。

卷九、藝文略：書目，疏，諮，論，議，書，記，序，志銘，詩。

卷十、職官表：明職官，國朝職官（一），國朝職官（二），歷代職官。

卷十一、選舉表：宋選舉，明選舉，國朝選舉，（附）國朝封爵。

卷十二、列傳（上）：宦績，武功，忠烈，孝友。

卷十三、列傳（下）：義行，文學，隱逸，寓賢，方技，方外。

卷十四、列女傳。

卷十五、風俗記：歲時，俗尚。

卷十六、舊事志：紀兵，叢談，並附吳德旋撰《福建臺灣道周公墓誌銘》，及《公祭周芸止先生文》兩篇。

《愛吾廬文抄》中有一篇《〈廈門志〉序》，注明「代作」，原來是呂世宜，為廈防同知盧鳳棽代寫的一篇序文，在道光版《廈門志》中果然有這篇盧鳳棽所作序。

　　《金門志》為周凱監修，林焜熿總修，高澍然總閱，呂世宜也有參與編撰工作。《金門志》成書晚於《廈門志》兩年，參照《廈門志》體例撰寫，但當時未刻印。同治年間，林焜熿之子林豪續修此書，字稿經傅炳熿刪訂後，於光緒八年（1882年）才刻印成書。

　　周凱有《金門志序》一文，記載道：

　　余既輯廈門志，顧念金門與廈門相唇齒，雖富庶不及而地之險要尤甚…所識當不墜。林生焜熿，金門人也。從余脩廈門志，遂以自任採掇遺籍，搜羅志乘，且遍歷山川，按其形勢、兵制，求之官書遺事，訪之父老，凡二年，得金門志若干卷。其體例悉從廈門志。紅毛、倭寇、鄭氏之亂，悉遭蹂躪，顛末詳廈門志者，不復載。余為芟輯而成之，亦足備守土者之資取。其書當與廈門志同觀，遂合而名之曰廈金二島志，而付諸梓。林生蓋有志之士哉！（廈門市地方志編纂委員會編，金門志，《內自訟齋文集》，廈門市地方志編纂委員會，1999）

　　陳慶鏞在《籀經堂類稿》中對呂世宜的古文所評價很高所說：

　　吾友西村，嗜學好古，讀書自束髮識字，寢饋

凡四五十年。治經先以聲音訓詁，其於一詞一字，古注有異同者，必明辨而縷分之。讀史則博綜上下，判黑白，別是非，故其搖筆纏纏數千言，其簡處則又一語不苟下。余觀其論澠池，論與夷，及擬昌黎伯夷頌，答李翊、衛中行、呂墾山人諸作，識見高卓，即起唐、宋諸賢，亦莫不傾至。所撰碑誌及傳記，動與古會，出入經史而不自知。

西村同年郵□屬弁語，實事求是，獨能於本朝閻潛邱、錢潛研、劉武進諸先生外，獨辟己見，補所未備。其辨仞古籀，則直追倉史源流，掃洪、薛、歐、趙而空之。折衷貴當，能發六書神恉，書視桂氏箚樸，篇帙稍簡，而醇實過之，即以是為箚樸之續也。（陳慶鏞撰，《清代詩文集彙編》編纂委員會編，清代詩文集彙編五八七，《籀經堂類槁》卷十二，上海古籍出版社，2010，第548頁）

在呂世宜《愛吾廬文鈔》內容由陳慶鏞題序及呂世宜本人自敘，全書分為：

卷上：《擬〈戰國策〉》、《擬〈張耳陳余列傳〉論贊》、《擬魏其武安贊》、《擬昌黎〈伯夷頌〉》、《擬昌黎〈通解〉》、《擬昌黎〈答衛中行書〉》、《擬昌黎〈重答李翊書〉》、《擬昌黎〈答呂墾山人書〉》、《讀〈循吏傳〉》、《讀〈刺客列傳〉》、《宋穆公立公子與夷論》、《澠池之會論》、《門

人弟子辨》、《上五山先生書》、《上高雨農先生書》、《復繁露同年書》、《送高雨農歸光澤序》、《擬<惠安縣志>序》、《<廈門志>序》、《<鶴雀巢吟草>序》、《<嘯雲鐵筆>序》、《<柏香山館印存>序》、《讀選詩自敘》。

　　卷中：《從遊白鹿洞記》、《崇德堂夜宴記》、《陪燕庭劉觀察遊白鹿洞虎溪二岩記》、《西漢古鏡記》、《聽月樓說》、《百花瓢記》、《記硯》、《笏記》、《陳孝子傳》、《童節母張孺人傳》、《張貞婦傳》、《黃節婦傳》、《許廷桂母陳孺人傳贊》、《紀游擊張公死事略》、《凌君宏度傳》、《林墨香小傳》、《書周公純先生軼事》、《王輝山夫子墓志銘》、《國子監生王心田妻周孺人墓志》、《黃府君廉明墓志銘》、《黃母林孺人墓志銘》、《陳生從周墓志》、《張公去思碑》。

　　卷下：《書<明監國魯王墓碑>兩側並陰》、《<明監國魯王墓碑>陰》、《書<凌約軒先生傳>後》、《書<清芬遺墨>後》、《書朱彥甫先生<長豐山居圖詩>序後》、《書陳筠竹<却聘圖>後》、《書<古器物銘拓本>後》、《書<小債帥傳>後》、《書<林雲衣室人典釵買琴傳>後》、《<苔岑小亭記>跋》、《<勸葬錄>跋》、《<閨閣須知>跋》、《跋<鄭古村行狀紀遺>》、《書<松生集印冊>末》、《李鏡涵明府百齡壽言》、《公祭芸皋先生文》、《

祭芸皋夫子文》、《族兄友毅哀詞》。

呂世宜對於金石學的研究與其古文相得益彰、互相促進。故知呂世宜在古文註釋、校勘和考證上的注義，採百家所長以釋經義，所引用的文章都考證有據、註釋字音、註釋詞義、校勘衍文、校勘脫文，都信而有徵。另闢下一章節《愛吾廬文鈔》專述之。

第三節　《愛吾盧文鈔》

呂世宜生長的時空和交往師友，影響著他的思想和發展，也型塑了他的文風，本節將從呂世宜《愛吾盧文鈔》，細究其文章，從而剖析其撰文動力、類別和特色。

一、以文載道，用道經世濟民

首先就其動力言，主要是以文載道，用道濟民。文以載道，一直是中華民族士大夫的傳統，純為文而文，不是沛然的大傳統，而僅是小傳統而已。呂世宜所處時代，一入庠序，尊孔道問學，已被融入文以載道，用道經世濟民的文化氛圍中，自然內化為沛然莫之能禦的文化動力。正德，利用與厚生，參贊天下化育，彰顯人道，而與天地並立為三。

易經為群經之首，周易繫辭傳的精神內涵，是我中華文化的根本共性，也是民族文化的動力根源。周乃制禮作樂，建立宗法制度，從此華夏文化的大一統建立了，直承三皇五帝，是道經所在，也是後代子孫生命力所在。呂世宜是承先啟後，彰顯微言大義的時代儒者，故其為文，必然是謹守以文載道，用道經世濟民的文化傳統，以增強並

維持其為文的動力。觀其卷上《擬昌黎<伯夷頌>》就清楚
明白。

> 人之自立於天地間者，行其心之所安而已，不
> 必與人異，亦不必與人同。…伯夷之世，亂世也。
> 其君肆虐，其臣逋逃，其天下之民群入於水火而靡
> 所拯恤。武王不得已而伐之，至仁也；太公輔之，
> 八百諸侯從之，至義也，而伯夷、叔齊獨斥之為
> 非，諫而去，去而餓且死，夫何為也哉？夫豈不知
> 興衰之運耶？夫豈不知仁暴之分耶？夫豈不諒武王
> 之心謂為救民水火耶？而必申一己之是，不顧天下
> 之非，是何為也哉？孔子稱伯夷曰：「古之賢人。
> 」則亦是伯夷也。而說者曰：「伯夷得孔子而名
> 益彰。」夫孔子，聖人也；武王，亦聖人也，伯夷
> 不求是於當日之武王，豈求名於後日之孔子？亦行
> 其心之所安而已矣！且孔子何為賢伯夷也哉？為當
> 世之多亂臣賊子，不可無伯夷其人以風之也。吾故
> 曰：伯夷，千古而上一人，千古而下一人也。而世
> 之為士者，顧猶有和光同塵之說，此伯夷所以獨立
> 千古也夫！（呂世宜撰，廈門市圖書館校注，《愛吾
> 廬匯刻》，廈門大學出版社，2010，第7-8頁）

奉天承運，鼎革在仁義，在貫串天地人的王
道，太上有立德，其次為立功，其次為立言。太
上有道，道形成德，先功而後言。而言是為功為德

為道而作。立言之動力在此。道在文先,且文以載道,藉文彰顯道統,藉文啓迪仁人志士,以經世濟民耳。又一篇《擬昌黎<伯夷頌>》則有:

歲寒然後知松柏之後凋,舉世混濁,清士乃見。斯言也,斯人也,吾蓋索之千百年而不得者也。夫求士非難,求士不趨世為難;求士不趨世非難,求士之出一己之見,闢一世之非,上接千古,下留千古者為難。若伯夷者,是耶?非耶?孔子稱伯夷曰:「古之賢人。」又曰:「求仁而得仁,又何怨。」…太史公目之曰「義人」,蓋與孔子同意云。(呂世宜撰,廈門市圖書館校注,《愛吾廬匯刻》,廈門大學出版社,2010,第8-9頁)

蓋聖賢之言之行,皆有其深義,承先啓後如呂世宜在文辭中所呈現者,都道貫天地人心,開啓微言大義。以此為行文之動力,兼為行文之目的,故為《愛吾廬文鈔》最精妙之處。

二、內涵豐富,圓包上下古今

呂世宜文鈔卷上,擬昌黎文,除二篇《伯夷頌》外,又四擬《通解》、《擬<答衛中行書>》、《擬<重答李翊書>》和《答呂巒山人書》,除表現

他對唐代古文的欽慕情感外，所論究內涵，包括詮釋：

> 儒者不隕穫於貧賤，不充詘於富貴。《答衛中行書》（呂世宜撰，廈門市圖書館校注，《愛吾廬匯刻》，廈門大學出版社，2010，第11頁）

包括：

> 且賢不肖存乎己，聲華名譽存乎人。存乎己者未優，存乎人者何望？未聞本不深而末茂；形不大而聲宏也。《擬昌黎〈重答李翊書〉》（呂世宜撰，廈門市圖書館校注，《愛吾廬匯刻》，廈門大學出版社，2010，第12頁）

以口談貧賤富貴，談本末存己，以不患莫己知，求為可知勉生奮進。

《擬昌黎〈通解〉》，也稱：

> 無所不通之謂聖，聖人道息而通人名起。…學聖人以經不以權。（呂世宜撰，廈門市圖書館校注，《愛吾廬匯刻》，廈門大學出版社，2010，第9頁）

試圖剖析聖通經權之關係，也優聖人道息，是

世道人心該優處。凡此莫不論及千古之根本議題。

又其《讀刺客列傳》，論點深入，有異傳統儒者：

> 春秋之義責賢者備，夫惟賢者乃可責之備，則
> 非盡人而責之備也。余讀《刺客傳》，所載五人，
> 或勇、或力、或嗜酒擊劍，國士之名，播於一時，
> 非謂其行盡合於義也。太史公謂「較然不欺其志」
> ，允矣。後之論者，攻擊不一，至謂傳不足傳。夫
> 責五人者，欲儕五人於聖賢之學也。聖賢之學誠不
> 如是，乃學聖賢之學者，反臨事畏葸，不能不欺其
> 志如五人，其又將奚責哉？吾願世之誦習詩書、
> 被服仁義者，慎毋責五人備也。（呂世宜撰，廈門
> 市圖書館校注，《愛吾盧匯刻》，廈門大學出版
> 社，2010，第14頁）

非盡人有聖賢之質，聖賢之機，仗義是屠物
輩，負心總是讀書人。刺客之質性和境遇，實不若
聖賢，故呂世宜先生「吾願世之誦習詩書、被服仁
義者，慎毋責五人備也。」實顯其是通透賢達，了
知社會面態。既有斯文，足見其思其行亦會如此如
此，這般這般，這是個人以為其能貫通上下階層，
融合鐘鼎山林的思維。

　　呂世宜認為，以此寬宏態度，其必然能夠善待避秦人士，善待江渚海湖人士，對仁義的體悟和解讀是令人感佩的。俠以武犯禁，然其義或可憫。雖不能盡其善，但俠、刺客乃至流民，對治世的儒者，何嘗不有自省自警之效。或許呂世宜美鬚髯，骨子中有些許應合虯髯客的情懷。

　　《愛吾廬文鈔》曾被文史專家史樹青先生稱為「可當文學作品閱讀，也可作史料文獻使用」出處的著作。其為文學作品，乃其集中體現了呂世宜古文詞的水準，在許多篇章之中，時常可見周凱、高澍然等人諸如「淳古沖淡，已到古人」、「妙不可言」、「令人尋味」之類的評語。說其為史料文獻，乃呂世宜除有數年時間旅居臺灣外，差不多一生都生活在廈門，在《愛吾廬文鈔》中，記錄下不少當時廈門的歷史事件、名物風光和人物生平等事，呂世宜生在鴉片戰爭之前後，而在這一時期，廈門正處於近代歷史的轉捩點。

　　在《愛吾廬文鈔》中有兩篇文章，《紀游擊張公死事略》一文，及《復繁露同年書》記述到鴉片戰爭中廈門的情況，給我們留下了寶貴的歷史資料。可補廈門近代地方史載之不備，其史料價值十分珍貴。

這種文學作品，兼為史學功效著，令人聯想起司馬遷史學之作富含文學意味。

三、兼體顧面，策論筆調

呂世宜《愛吾廬文鈔》中，卷上以《擬＜戰國策＞》始，卷下以《族兄友毅哀詞》終，筆者以為是故意之安排。

公叔痤病，魏惠王問之，曰：「先生若棄寡人，寡人其誰侑？」公叔曰：「衛鞅才，相之必霸。」王默然。公叔曰：「王幸用臣言，否，必殺之，毋與敵助。」王許焉。鞅入，公叔曰：「向王問相，我曰：『衛鞅才，相之必霸。』王默然也，我曰：『王即不用臣言，必殺之。是我禍子也，子其遯。』」鞅曰：「公言相，君不謂然；公言殺，君豈其然。」後鞅果霸秦伐魏，人謂公叔知人。
君子曰：生而屈人才，嫉也；死而誘人殺，忍也；告諸君而復逸之，悖也。公叔於是乎不忠。（呂世宜撰，廈門市圖書館校注，《愛吾廬匯刻》，廈門大學出版社，2010，第6頁）

《擬＜戰國策＞》，此一君臣謀國舉薦事，除彰顯君臣決策之義外，其彰顯了君臣之情。蓋唯有一流之君，方能有一流之臣。君臣誠仍存嫉才問題。

又能死而誘人殺他臣，忍也；是除國事籌謀外的私人恩怨否，如是責其隱忍之功力深厚。告而復逸之，悖也。但君臣之相互關係，互明心性及行事，故商鞅斷明「公言殺，君豈其然」，是洞燭魏惠與公叔諫聽關竅，了然於心。

一件舉相才之論說，其兼顧體面，剖析精微，十分策論筆調，面面俱到。觀文鈔諸文如《擬<張耳陳余列傳>論贊》，《擬魏其武安贊》、《讀<循吏傳>》和《聽月樓記》，篇篇莫不有此兼顧體面，全方位思慮的全程呈現，而其採用策論筆調，對此互照，反復辯析的工夫，體現於呂世宜文鈔中。

甚至簡約如《笏記》一文，亦能思維及：用與不用，古用今不用，泥古和非泥古，忘與不忘的諸種面向和體性，真正是能夠整體全思維籌劃，心思細膩已極。而文章又以策論方式行筆，轉折迭盪，理直理屈，起承轉合，自然成妙而迷人。茲將《笏記》全文摘示如下，以驗其妙。

笏者，忽也。古者慮事之忽，始製笏，書思其上。笏制，二尺有二寸。笏用象，古諸侯為然。夫古道之不用於今，獨笏也哉？今笏惟道士、優人用之，制又逾於此，是以賈而不售。予年近七十，事

都不省記，忽殊甚，爰購之以代札，非泥古也。古
用而今不用，余則以無用為用也已。（呂世宜撰，廈
門市圖書館校注，《愛吾廬匯刻》，廈門大學出版
社，2010，第35頁）

筆者以為呂世宜，以文鈔發意圖之微，用笏以
自況，明自己一生，賈而不售，是棟樑楨幹，謀國
任事之才，如笏之不見用、不求用於滿清皇朝的現
世。在實物笏板的用於不用間，彰顯出幹才的用與
不用問題。綜合精細呂世宜諸作，皆具兼體顧面，
以策論筆調浩然書就的文學意象與特色。使人頓興
仰之彌高、望之彌深、瞻之在前，忽焉在後的敬仰
情緒。以笏板為自身，實無愧神慧揣摩之工。

四、生活常行真情流露

傳世之作必合乎信達雅。道兼情理，以策論筆
調經國濟民，要能體道並行道。以文弘道，以文
感召行道益友，必須理性待之，面面俱到，綜合盡
理，全面兼顧。至於日用常行則以情為重，祇在小
範圍中，呈現喜怒哀樂的真性情、真感動。

呂世宜的文章，在福國利民文章之外，文鈔卷
下《族兄友毅哀詞》最扣人心弦，姑且不論其仍然
表現了昆弟之情的五倫功能。個人不認為此文置之

最末，是隨緣應機的。以世宜的精明謹慎度之，實係有意安排。與起首的《擬＜戰國策＞》，情理相互輝映，感人至深！觀其贊辭，實是任情行道的典範。

文中贊許其兄：

> 秉性甄微，孝手惟孝，友愛兼施。尚義嗜德，不私其資。骨肉之間，令色令儀。雖分其荊，不燃其萁。季弟力學，植為蘭芝。式飲式食，上冠下綦。罔德於色，實樂不疲，遵道遵義，視險如夷。敦宗合族，一諾靡移，貧交賤故，傾囊倒廩，當其裁制，如土以麈。至我於兄，匪麻匪緦；而兄於我，猶葉其枝。膠漆言固，有時相離，兄我二人，罔有差池。（呂世宜撰，廈門市圖書館校注，《愛吾廬匯刻》，廈門大學出版社，2010，第69頁）

此將兄友毅人格特質彰表無遺，「遵道遵義，視險如夷。」、「敦宗合族，一諾靡移。」何等讚嘆辭語，明其道義行止，彰其和睦本色。一諾靡移，也富含庶民的江湖道義，捨己從人。呂世宜特書之，實其質性有所感召，其特異獨立之性格，似有宗兄沐感之跡。且其兄知世宜非愚，又延為子塾師，又容其歌嘯不羈。其情其義，其名其分，早超族兄情誼。如文所述：

　　人謂我愚，兄不我痴。我愉兄樂，我泣兄悲。兄為我謀，如我自為。我告于兄，若契菁龜，我游于庠，兄色嘻嘻。我黜于闈，兄顰其眉。館我于塾，為其子師。我歌我嘯，不我靮羈。謂我有言，力子于耘，謂我有言，視弟猶兒。（呂世宜撰，廈門市圖書館校注，《愛吾廬彙刻》，廈門大學出版社，2010，第69頁）

　　世宜黜于闈，兄館之于塾，為其子師。足見其義助護重之情。真是個視弟猶兒，恩情深重，一句足以道盡。也足見呂世宜為文推敲精準，用字遣詞爐火純青的功夫。不祇照顧宗弟世宜，對上也敬侍宗長。如云：

　　先考寢疾，兄為延醫，先考易簀，兄撫其尸，我居苫塊，兄日趨帷。窀穸碑銘，惟兄是治，謂我念此，能不歔欷？謂我若愚，能不兄思？去歲之冬，兄病而萎，時與晤言，我已狐疑，謂厥心疾，宜樂以嬉，兄為我言，未為阽危，且念我羸，且憐我鷙，彼此告戒，其樂怡怡。（呂世宜撰，廈門市圖書館校注，《愛吾廬彙刻》，廈門大學出版社，2010，第69頁）

　　如此族兄宗弟情誼，在相知相惜，忠義孝悌宗風的沐庇下，堪羨堪式。是以筆者以為是慎其終之作，和卷上首篇《擬＜戰國策＞》，實相互呼應。在由理及情的編序中，從國至家間，有多少日用常

行，多少人情世故，練達皆成文章。

　　凡上卷論、辯、書、序、敘，中卷記、傳、碑銘、跋，下卷雜著，其理其情，其國事家事，無不真情流露，自然成文，令人佩服呂世宜慎其始終，承先啟後的編序安排。其文真能證明不誠無物，文以載道，道濟蒼生的情懷。睽諸孔門四科賢境，皆能階級，古往今來，幾人能夠？真可謂斯人也，而有斯文也。

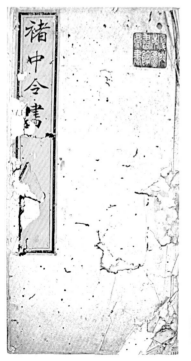

第四節　《愛吾廬筆記》

　　上節《愛吾廬文鈔》關注在體在面，而本節《愛吾廬筆記》文字通常就一小點一小線事件論究追尋，其鵠的仍在大道。如說文鈔直接就本論本，此筆記可說因本索本，屬文風格自是稍異。

　　《愛吾廬筆記》分上卷、下卷、續卷、書後、跋。

一、不分漢宋，發六書神旨

　　陳慶鏞為《愛吾廬筆記》作序：

　　日仙游講席，假王丈懷佩家藏桂未谷先生《札樸》一書讀之，所論纂經史緒言及金石文字審政郅崔。比回，呂子西村同年以自著《愛吾廬筆記》郵算屬弁語。留幡延月，咸伸奧窔，極苯蕁。實事求是，能於本朝閻潛邱、錢潛研、劉武進數先生外，獨辟己見，補所未備。其辨仞古籀，則直追倉、史源流，掃洪、薛、歐、趙而空之。折衷貴當，能發六書神旨。書視桂氏篇帙稍簡，而醇實過之。吾謂二書，征引則桂從其詳而呂從其略，稽撰則桂得其博而呂得其精。醰然粹然，確然晰然，即以是為《札樸》之續也可。西村精篆隸，當手摹漢碑數十種

刊石行世，得之者珍如拱璧。家居著書自娛，不肯
妄投一刺，鄉里重之，尤為同譜中所欽敬。是書成
于日記，隨手掇錄，乃舉以示生徒者。伻來，言糾
其繆者或付之祝融氏，何其自視欿然耶？抑亦更有
進乎此矣？爰敘而歸之，以與桂書並行不悖云。（呂
世宜撰，廈門市圖書館校注，《愛吾廬匯刻》，廈
門大學出版社，2010，第73頁）

　　此序彰顯了呂世宜筆記的精妙：「折衷貴當，
能發六書神旨。」以其精略同儔於桂馥之博詳，真
是行家評斷。而發六書神旨，得形音義之真。用之
讀經史子集，則足匡正前賢注經解史之謬誤。但呂
世宜也非完全宥於漢學之框架。《愛吾廬筆記》書
後莊重陳明：

　　漢學之明，我朝為盛，自阮儀微《皇清經解》
之刻，一時習其書者稱曰漢學，宋六子之書則別曰
宋學，如畛域然。夫學者何？學聖人之道耳。聖人
之道非訓詁不明，故訓詁者義理之所出。而宋學
正以發漢學之薪傳，學又何分夫漢宋？學而分夫漢
宋，是猶為八家之文不必秦漢，為李杜之詩不必鮑
謝，多見其陋焉耳。西村先生《愛吾廬筆記》之為
書也，固亦為漢學者也。然解字則以《說文》為
宗，考經則以《四書》先聖之言為主，不苟同，亦
不立異，皆數十年會心有得，吾不知其為漢學、為
宋學也。韓昌黎曰：如是者亦有年，然后識古書之

正偽。此昌黎辛苦為學有得之言。夫吾人為學，務亦求其有得，又何論學之漢宋也哉！余固喜先生為學之精，雖以為漢學也亦無不可。因書于后，以志欣慕之私。（呂世宜撰，廈門市圖書館校注，《愛吾廬匯刻》，廈門大學出版社，2010，第167頁）

此後記彰顯了呂世宜深耕漢學，精通金石考據，但仍能以四書先聖之言為主考經。不苟同，亦不立異，兼融漢宋治學方法，是「致廣大而盡精微，極高明而蹈中庸」的真正治學體現。譬如：

楊慎云，「《說文》以也字為象婦人陰，后人多其鄙褻。蓋也即匜字借為之乎！也者，之也。」世宜謂：以也為匜，是古省文，若字義當從《說文》。如以為鄙褻，則赤子之朘，馬之州又作何解也？（呂世宜撰，廈門市圖書館校注，《愛吾廬匯刻》，廈門大學出版社，2010，第140頁）

這種態度，也突顯在下列論述中：

王觀國讀《封禪書》，譏史公不取其祠事與禮合者，而敘武帝方士之言，謬悠無根，不足以示后世。世宜謂：此乃太史公所以昭示后世也。漢武之封禪，為神仙，非為禮也。以漢武為封禪，于禮果合乎？太史公為漢臣子，固不得謂其君為非禮，故特作謬悠無根之語，以見當時所謂封禪者不過如

此。使后世好大喜功之主讀之,或知所警悟,是乃所以為信史,是乃所以昭示后世也。若讀其實事,第取其祠事與禮合者一一傅會之,自班范而下皆能之,不必太史公也。(呂世宜撰,廈門市圖書館校注,《愛吾廬匯刻》,廈門大學出版社,2010,第141頁)

多麼鏗鏘有力,理直氣壯,也深度廣度兼俱地剖析漢武封禪為神仙非為禮。真是高明之析論,足見筆記小文,推理論述,仍是大道繫焉。其幽渺秘義難逃慧者雪亮眼光,此文更可見呂世宜作品,兼為文史家所看重。這是治學態度方式兼融並蓄,器識貫串文藝,有以致之。但舉此例,以證明呂世宜為文,不分漢宗,發六書神旨之所必然。

二、分析合理,以小點線究大道

筆記小文仍然志在大道,以管窺天,在窺天之人是否有識有見,有觀象後的分析究道能力。人法地,地法天,天法道,道法自然。易經貫通天地人,天理如此,地理如此,人理如此,文理也勢必如此。

《大學》「克明峻德」,《書》作俊。《韻會》

俊又作「峻是也」。鄭注：「俊，德賢兼人者。就用
人說。」與《大學》異。然《史記》易俊為馴。馴，
順也。《詩》「應侯順德」，則仍指明其德也。或
又謂《堯典》「欽明文思安安，允恭克讓」，堯德
已著。此為「就用人說」。合上節，正與九經修身尊
賢之序合《大學》乃斷章取義，其說亦通。（呂世宜
撰，廈門市圖書館校注，《愛吾廬匯刻》，廈門大學出版
社，2010，第153頁）

從一「峻」字的點，可貫出《大學》、《書》、《韻
會》、《史記》、《詩》乃至《堯典》的一條究道路徑，
步步誠真，步步踏實，這是筆者發現呂世宜以小點線究大
道，分析盡理的為文治學方法脈絡。唯從筆記小文觀之，
愈發現其清晰明確，以小觀大，分析盡理。

而縱若一點一句，如：

《陳風‧株林》「乘我乘駒」，《傳》：「大夫
乘駒」。何屺瞻案：「此謂孔寧、儀行父也。」世宜
案：《鄘風‧干旄》言良馬者三，未見大夫必乘駒
也。駒，株當是葉韻，毛不足據。沈守正曰：既乘馬
又乘駒，非一往也，亦見非徽行也，何等圓融。（呂世
宜撰，廈門市圖書館校注，《愛吾廬匯刻》，廈門大學出

版社，2010，第158頁）

　　在某一事點上的推究功力，並非先賢就定是無失無誤，臧否在事不在人，不信服權威。除旁徵博引，斷論古賢論說外，自我主見亦是學術責任所繫，也是文字之責任所在。呂世宜所稱「不苟同，亦不立異」的精神在焉。

三、參照引文，究本探源

　　《緇衣》一篇所引《詩》、《書》，多與今文異，如「苗民弗用靈」作「匪用命」，「有覺德行」作「有梏」，「不愆于儀」，作「不僭」；「惟尹躬暨湯，咸有一德」，暨作及，一作壹；「播刑之迪」作「之不迪」；「未克聖，若弗克見」，多「已」字；「惟甲胄起戎」，戎作兵；「天作孽猶可違，自作孽不可逭」，作「可違也」、「不可以逭」：「夏暑雨，小民惟日怨咨；冬祈寒小民亦惟日怨咨」，上句作「夏日暑雨，小民惟日咨」，下句作「小民亦惟日怨」；「其儀一兮」，兮作也；「君子好逑」，逑作仇，「服之無斁」，斁作射；「割申勸寧王之德」作：「周由觀文王之德」；「爵罔及惡德」，罔作無；「恆其德貞」，貞作偵；而「呂刑」作「甫刑」；「說命」作「兌命」

；「**君牙**」作「**君稚**」中，一篇之中凡十餘處，疑古本與今本異，而《**左傳**》中所引少有異者，何也？（呂世宜撰，廈門市圖書館校注，《愛吾廬匯刻》，廈門大學出版社，2010，第111-112頁）

這種參照引文，溯本探源的精神，令人佩服。由於古書或引詩經處多，故而呂世宜在筆記中，涉及處較之文鈔多矣！如《漸》、《采蘋》、《詩・綿》、《陳風・墓門》序、及王叔師《楚辭註》引《詩》，多與今異，蓋魯詩也。在此我們看到了呂世宜五經兼治，旁徵博引，考本究源，參照各家引文的鉅細靡遺態度和成果。

同時，我們知道詩心，即道心，即禪心。個人以為呂世宜詩心道心與禪心表現在書畫上，表現在日常動靜語默間。他雖然鮮少以詩偈傳世，衹是逍遙山林間，悠遊書畫中，個人是為他是示現詩心、道心、禪心於日用常行問。衹是能察能覺者少矣，這是筆記小文發微之所見。

在呂世宜的文學意涵與風格上，孔門四科，德行、言語、政事與文學，在文行忠信四面向中，因個性好惡而各有發揮，因時代需求而各有彰顯。義理、辭章和考據，乃至經濟之學，其分殊和交錯，容或有所更迭變遷。但四科均以習道行道為鵠的。

一以貫之的忠恕之道，允執厥中的仁行，是中國士
大夫階層的共同志行。筆者認為，聞道幾分、知道
幾分，行道幾分，各依時空條件，好學敏求，盡分
力行為要。無論德行、言語、政事與文學皆要以道
為本為要。文以載道，看似嚴重，卻是圭臬之言，
足堪為文者法式。

呂世宜以金石學和書法著稱，中舉不為官，奉
獻文教，似無政事成就可言，其為人風範更獲林熊
光讚揚肯定。如其在文鈔自敘所述：

少從敬堂周夫子學，聞有古文法，未習也，自
是溺於八比廿余載。壬辰間，游芸皋師之門，傳以
義法，復得劉五山、高雨農先生緒論，偶有作，亦
不多。洎芸皋師、五山、雨農相繼謝世，益寥寥寡
黨，間與東谷、誠甫質証一二，復秘而不宣，諛而少
實，可悲也。計錄若干首，分為兩卷，存諸笥，以見
自少而老，所得止此，亦敝帚自珍之意也。（呂世宜
撰，廈門市圖書館校注，《愛吾廬匯刻》，廈門大學出版
社，2010，第5頁）

這種特立獨行思考，方能中舉而不任官宦。自
稱：

以舌畊，而嗜古如饑渴者之於飲食。遇古圖書、

古彝器、金石刻、奇書妙畫、名研名印，必拮据致之。…翁曰：子為我幸而得之，我蓋不幸而失之，我半生有用精神，盡銷磨于此也。(吳鼎仁，《西村呂世宜》，金門縣文化局，2004，第14頁)

狀似否定，但能層次性地肯定其意義，常自言：

所刻小字《四十九石山房帖》、大字《先君孝子碑》、《張公玉田去思碑》，具得漢人意，必傳無疑。其自以為是也如此。(吳鼎仁，《西村呂世宜》，金門縣文化局，2004，第14頁)

文辭中，表達了多少自信和自省，其自我覺照，心地工夫，自是超卓。又續稱：

閱所習舉子業，輒不滿，曰：不異人意。煅之。刻文鈔六十餘篇，筆記三卷。貽人，人無有寓目者，翁哂曰：是真不可時施也耶？其不自知其非也又如此。(吳鼎仁，《西村呂世宜》，金門縣文化局，2004，第14頁)

文富深義，承先啟後，雖篇章不多，然其精髓之要言，不見行於世，亦能怡然自適，自我調侃不知其非，也

是識者覺者的通達和涵養。又：

> 病且篤，猶日以所著《古今文字通釋》十四
> 卷、《歷代碑帖題跋》一卷、《千字文通釋》四卷
> 未刻，囑其友誠甫、其徒守謙，語刺刺不能休。翁
> 殆九死而未悔者歟。（吳鼎仁，《西村呂世宜》，金
> 門縣文化局，2004，第14頁）

文中其誠一精神，感人肺腑，儒者思想行徑洋
溢在筆墨間，真的是不誠無物，西邨先生可謂「精
誠所至，金石為開」，更體現出文以載道風格，又
能圓神方智的面對瞬變的時局。

> 翁作斯記，為咸豐四年五月十五日，年七十一
> 矣，後莫知所終。（吳鼎仁，《西村呂世宜》，金門
> 縣文化局，2004，第14頁）

好個莫知所終，明本末始終是近道之要，後莫
知其終，當然是為己身而言。然如邵雍夫子所言，
「吾身小宇宙，宇宙大人生」，鬼歸與神伸，以有
始有終，慎其始終的儒者觀點，豈祇是憂思一己身
形之幻化耳。自剖自析，主觀證明。他人旁觀，對
照鮮明。尤其（民國）《廈門志》指出的：

時觀察使周凱聘高澍然主講玉屏書院，俱以能古文稱。世宜時常切劘，文筆警峭，類王半山。（廈門市地方誌編纂委員會編，［民國］《廈門志》第二十四卷儒林傳，1999）

唐宋八大家是古文運動的核心人物，對後世文壇影響深遠，在古文領域地位何其崇高，而王安石的古文更是以邏輯嚴密、論點突出、簡潔有力、短信精悍為特點，被推崇為古文的典範，發揮了古文這個文體的精神和特點。呂世宜被評價為文筆警峭，得到類似王安石（半山先生）的讚許，這是很高的讚譽，足見呂世宜的古文造詣蜚聲庠序，望重士林。

研究海疆之學有成的陳茗教授指出：

清代古文，一派為空疏派，不以《六經》、《史》、《漢》、韓、歐諸家為宗，桐城派恪守程朱理學近之；另一派為考據派，「細大不遺，案衍匪彞」，以考據之學代替古文。「以經術為文章」，既克服桐城派之不足，也無考據派之弊，這就是陽湖派古文最重要的主張。陽湖派古文的特點是「致用」，即「見用於世」。…高澍然稱許《廈門志》「為控臺治泉要書」，周凱自然是「不敢當」，但他又說「心唯期於有用」，應當是符合實際情況

的。（陳茗，《海疆文學書寫與圖像—林樹梅奇特人生與藝文研究》，金門縣文化局，2011年，第275-276頁）

周凱主修《廈門志》，呂世宜參與編撰，任總校。其文史風尚，自是玉屏書院師友相知相惜，如沐如浴的氛圍和風格，呂世宜自是周凱傳續倚重對象。

故雖周凱的經學根柢遠不如張惠言，也不如同門陳善，沒有太大的建樹。道光年間，內憂外患，各種矛盾加激，在這個時候，周凱先後任興泉永道和臺灣道觀察，接觸海疆事務，碰到惲敬、張惠言他們沒有接觸過的新問題，使得周凱無論是行還是言，都比他的前輩們更加務實，更加地切於實際。（陳茗，《海疆文學書寫與圖像——林樹梅奇特人生與藝文研究》，金門縣文化局，2011年，第277頁）

受益於劉五山和高雨農，且金石之交和玉屏書院同里居，又同受業於谷士、芸皋、雨農三夫子之門的林樹梅，這是師友古文芝性，海疆同歷處。

唯傳呂世宜美鬚髯，曾做《我我周旋圖》高澍然為呂世宜題贊，則指出其殊異個性。

　　髯，海上人，呂其姓，世宜其名。精篆隸，能古文，有名於時。交遊附聲，往來金、廈二島間，坐客滿焉。髯不勝其嬲，思逃名去，作「我我周旋圖」喻意。余見而喜之，為作贊曰：「夷望望去，惠由由偕。不夷不惠，莫往莫來。」余問髯，何以能離世而獨立，髯曰：「我之道，在材與不材。」（高澍然，《抑快軒文集》卷四十二，揚州：江蘇廣陵古籍刻印社，1998，第1199頁）

　　遺世而獨立，以材與不材致之，這是近儒退道的思維，但代表了呂世宜的另一面的內心世界，當然也會影響其文風。以其血脈宗族言，呂氏出自炎帝，其後裔共二氏之孫伯夷因佐堯掌四嶽，助大禹治水有功，封地於呂，乃以呂為姓。而後呂尚封齊地，齊魯之風，實有殊異處。宗風仍影響著呂氏子孫。唐進士呂喦洞賓儒釋道三教會一的思想，對後代子孫或許也有著若干影響。是以鐘鼎廟堂，山林江渚的選擇上，呂世宜採行了合乎自性的路徑，這也同樣影響其文風。

　　此外東晉、唐末、宋末乃至明末避禍，入閩成為歷史必然，而東晉浯洲六姓已有呂姓，唐牧馬監陳淵來浯者十二姓，呂姓亦有。避禍避難是否會是金門呂氏最深層的潛意識，實有探究之必要。

朱熹對金門文風的影響已無庸置疑，明末金廈扮演的歷史角色更是深重，魯王鄭氏東寧王朝的影響更直接。在康雍乾清盛世統治後，先有高壓文字獄，後為懷柔至仕宦，成了士子的抉擇和命運。書院似乎也成士子的出路和棲身之所。可進可守，對文化保存，民族氣節的凝聚，何嘗不也是方便權宜處所。

清代福建書院在閩南地區佔有相當比例，儼然成為區域文化中心。而書院以自由講學、自由研究、自主辦學為主要特徵。玉屏紫陽雖係官辦，唯主其事者對文化大傳統和地方殊異文化氛圍的特色，仍然是兼融並蓄的。中西的文化衝擊調適，海陸思維和滿漢文化同異，鐘鼎山林的抉擇，勢必在存乎閩南地區的每一位文化人心中。

所以，呂世宜當然也敏銳覺察，並因應著，甚至誘導著。只不過，在政權的傘蓋下，有時他必然隱晦地表達己見。書法獲罪機率絕少，文義招禍機會大增，或許這也是他雖也重經世濟民，但策論和政事較少的因由。

第七章　呂世宜的影響

第一節　對臺灣教育與學術

　　呂世宜等清代寓臺名士在臺灣，尤其對於文化教化方面，百餘年來，起了很大的作用，對臺灣教育與學術創立產生極大的影響。

　　臺灣的學校教育論其發端，應在17世紀初期。當時的荷蘭、西班牙殖民者侵佔臺灣後，在臺灣開辦教會學校，但多為宗教與殖民性質，規模又很小，對臺灣本土文化發展的促進有限。

　　後來，經過明鄭成功時期臺灣教育的初創，到清康熙年間施琅帶兵統一臺灣之後，大批閩南籍居民東渡臺灣，為臺灣文化與教育帶來了發展。閩南與臺灣地緣相近、血緣相同、語言、風俗、宗教信仰也都相同，兩地的教育交流有著極好的先天條件。特別是清代包括呂世宜在內的一批閩南文人東渡，給臺灣的學術與教育帶來巨大的衝擊，留下了深遠的影響。

　　一般認為，康熙年間施琅在臺南設立的西定坊書院是臺灣最早的一家書院。此後，在臺灣府及周邊地區，書院陸續大批出現。這些書院都是當時清政府在臺灣派駐的官員所設，具有官方性質。呂世宜的恩師周凱由興泉永道遷臺灣道後，也在臺灣重修崇文書院，並聘請澎湖儒士蔡廷蘭執掌，以振書風。

　　閩南地區向來對於讀書、考試的觀念十分重視，但是清政府在臺灣確立科學制度之前，讀書的

作用卻並不凸顯，教育的風氣也十分薄弱。後來，臺灣興建學校、聘請福建籍名士、名儒擔任山長、西席（教師），實行科舉制度，這才為臺灣人讀書求上進創造了一個管道。

當時，呂世宜等清代寓臺名士陸陸續續來臺，使得學習與讀書之風盛行，對於當時的人來說，除了是謀生立業的工具之外，更重要的是作為應對國家科舉考試的準備，是光宗耀祖的第一個臺階，因而促進了臺灣教育與學術風氣的創建。

關於呂世宜從臺灣回廈門之後，寓於何處，尚未找到記載。但是，整理相關資料，可知呂世宜在

廈門時，共居住過張厝前保、海澄錦里及鹽溪街這三處。

在呂世宜赴臺之前，應有在海澄居住過。根據林樹梅《答西村先生招遊錦里寓所二首》和《訪呂西村先生寓居海澄》詩記載，他曾到錦里和海澄拜訪呂世宜。錦里今在廈門市海滄區錦里村，清代屬漳州府海澄縣，所以兩詩應指的是同一處地點。《答西村先生招遊錦里寓所二首》寫道：

誰似先生靜養和，軟塵勞我愧偏多。褐來錦里尋芳約，好共春風放棹過。

定有送花爭索字，不妨燒燭對高歌。虛名何益身心事，肯任流光等逝波。

手闢芳園動四鄰，古文不減武陵津。備嘗世味抽身早，敦篤交情入夢頻。

立品質爭難處易，積書應笑富兒貧。談深忽起羅浮想，分付梅花作主人。

（林樹梅，歗雲詩文抄，廈門大學出版社，2013，第302頁）

《訪呂西村先生寓居海澄》一詩可看出，呂世宜在海澄的住所環境不錯，但是位置比較偏僻：

久念西村子，今朝遂泛舟。竭來欣一晤，相於定千秋。
庭滿霜天月，門環滄海流。此中多樂境，何事更他求。
氣象自安舒，端宜靜者居。得閒觀稼穡，娛老有圖書。
避地忘歸客，高風欲起予。榜人催返棹，夢想愛吾廬。

（林樹梅，歗雲詩文抄，廈門大學出版社，2013，第302頁）

林樹梅卒於咸豐元年（1851），而呂世宜大約在道光二十一、二年（1841-1842）左右赴臺，咸豐三年（1853）始歸。因此，林樹梅拜訪呂世宜海

澄寓所的時間，至少在道光二十一年以前，故此時
呂世宜或許尚未赴臺。

　　後來，呂世宜寓臺，還為臺灣帶來了書法與金
石學，開闢了臺灣學子除了科舉之外的又一個「
藝」的文化領域。臺灣名士連橫在其《雅堂文集》
中就曾談到，清朝中後期，臺灣談藝之士「輒宗
呂西村、謝琯樵」，可見道光十八年呂世宜東渡臺
灣，除了在林氏家族任教之外，還進行了長期的鼎
彝碑刻收藏，呂世宜成為將金石學書法導入臺灣的
第一人。

　　呂世宜金石書法在臺灣的傳播和影響是有脈絡

可循的。首先，這個脈絡可以抓到一個中心，那就是板橋林家。板橋林家是呂世宜在臺灣進行學術活動的主要舞臺，他在那裡培養自己的弟子，傳播金石學說，收藏金石作品，後世對臺灣金石學的研究，不能避開板橋林家這個發源地。其次，這個脈絡還有兩條主線，即金石書法的理論研究和實踐兩個方面。呂世宜在板橋林家大宅書寫了許多楹聯，這都是他的作品在臺灣的典型代表。

　　他的收藏品留在臺灣，對臺灣金石學發展產生巨大深遠影響，間接的，也帶動臺灣的文化由此一步步更加昌盛。在呂世宜的金石學在臺灣落地生根之前，幾乎找不到臺灣本地書法家學習金石書法的記錄，雖然偶有發現零星金石書法作品，但是學習金石書法的人數少，金石書法沒有形成一個門類，更沒有形成具有影響力的流派。可以說，如果沒有呂世宜赴臺灣這一因緣，臺灣本土金石書法的開端還要往後推移。

第二節　清代廈門、金門與臺灣

　　清初時，廈門一度成為閩南和臺灣兩地的行政中心，如今，廈門港還是與臺灣交流的一大口岸，同時又是南北交通和東南亞貿易的重要港口。經濟的發達為社會文化的發展奠定了基礎，在上述背景下，廈門的文化人不斷增強對外交流。此時廈門文化名人眾多，如黃日紀、黃蓮士、薛起風和林遇青等。經由廈門赴臺灣的文人也很多，如遊宦來廈的著名文人趙翼、黃慎、郭尚先、高澍然、楊浚等。

　　當時，金石學不僅在書法美學和書法史觀等理論領域產生了重大革新，而且，通過這些理論的指導，書法實踐也產生了重要的變革。清代金石學書法家在進行書法創作的過程中，漸漸形成了具有時代特色的審美特徵—厚重、生拙、遲澀的金石質感。

　　在清代金石學書法發展的過程中，金石書法與金石學研究相得益彰，互成表裏。碑刻出土越多，摹拓流傳越廣，學者與書法家對之研究越深，金石學書法越盛。清代金石學學者對碑帖的研究蔚為風潮，幾乎所有古器，如鐘鼎彝器、碑版摩崖、錢幣、鏡銘、璽印、兵器、墓誌、造像、陶器、磚瓦上的文字資料，藝術價值都被發

掘，都成為研究的物件。呂世宜對秦漢碑刻的搜集、整理、臨寫、研究也不遺餘力，花費了許多精力。他臨摹歷代碑帖，促進了自身隸書、篆書風格的形成和確立。

鴉片戰爭之後，中國被迫開放五個通商口岸，廈門為其一。在開放的環境促進下，廈門的文化圈

受到外來的影響越來越大，與臺灣在文化上的交流也不斷深入，許多文人取道廈門再赴臺灣，成為藝術交流日益頻繁的傳播者和受益者。

當時與廈門相比，臺灣的文化環境則比較貧瘠。明鄭之前，臺灣社會發展慢，人民的生活主要在拓荒等，沒有餘力進行文化、藝術活動，關注溫飽要多於文藝。比如，在連橫所著的《臺灣通史》列傳中，雖然可以找出一些擅長書法和繪畫的本地文人代表，但是當時一般文人或鄉紳多認為藝術活動為附會風雅，專職者社會地位不高，四散各處，沒有相互切磋，很難提高水準或者形成具有影響力的書法或繪畫派別。

隨著臺灣社會經濟水平的提高，尤其是大陸文化的傳入，臺灣的藝術開始萌芽。一些來自大陸地區的官員到臺灣赴任，如郭尚先、沈葆楨、劉銘傳、唐景崧等，還有一些文人大儒被聘請到臺灣講學，如板橋三先生等，他們將大陸的文化帶入臺灣，從而造成巨大影響。至清道光年間，開科取士後，讀書之士漸多，練寫書法成為一時風尚，書法專精之士增多，許多臺灣世家從大陸延請學儒，為臺灣當時書法的風氣和影響，造成不小的震撼。

這批道光、咸豐年間入臺的書法家特點明顯，他們一般受到過嚴格的傳統封建教育的訓練，博古通今，但是因為處在中西開始交流的時代，他們的

學術思想又較之前輩更為開通。而且，他們的帖學、碑學功底深厚，進入臺灣的時候很多都已經形成自己獨特的書法風格，自成面目。

　　從官方與民間舉措上看，閩臺的教育與學術交流，主要從以下幾個方面開展：

　　首先，確立教育與學校制度。根據《臺灣省通志‧教育志》所說，「…臺灣居民原籍半為閩人，其所創書院制度，多取則於閩書院之規模…」，可見，清朝臺灣的教育制度來源於福建，書院也是模仿福建的風格。現在從臺灣的許多古跡也可看出，當時臺灣的書院、孔廟等建築都是典型的閩南風

格，完全沿襲了福建。

與福建一樣，臺灣學校可分為學院、書院、儒學、私學、義學等等，多由官方開辦。除了官方出資以外，許多閩籍鄉紳捐資助學，協助臺灣建立學校，也體現了閩臺教育交流十分緊密的一個方面。比如，《臺灣通史》就記載了福建永定客籍鄉紳胡焯猷渡海到臺灣淡水、新莊後捐田數千畝創建明志書院；晉江人吳洛以「吳伯榮」墾號，築萬斗六圳，灘田千餘甲，定居臺灣彰化後，捐貲以修府學大成殿、明倫堂，為當地清源書院辦學經費等事蹟。

除了官學的書院之外，私人創立的義學和書房也蔚然成風。臺灣民間與閩南地區相似，重視教

育，許多家族不惜花費物力財力，自辦家塾、族塾。這些私人書房經常聘請著名的閩籍儒士擔任教師，以督促家族子弟學術。

板橋的林本源家族第三代林維讓、林維源兄弟為了家族子弟興辦大觀義學，呂世宜也是他們聘請東渡赴臺的。呂世宜在板橋林家擔任西席時間長、影響力，後來板橋城後來漸成新北市的文化教育中心，和呂世宜的貢獻也有一定關係。

其次，引進教育與學術人才。清朝臺灣本土文化尚未發展成熟，教育與學校剛剛興起，師資力量匱乏，福建籍學士大儒東渡臺灣任教成為當時的不二選擇。在臺灣學術與教育的發端，這些東渡臺灣的閩籍儒士，給臺灣教育吹來了強勁的新風，從根本上帶動了臺灣的文化發展。如《臺灣省通志·教育志》所記載，「清人得臺，遊宦漸集，一時高人雅士，如過江之鯽，相繼連袂來臺。」根據董希如先生在《方志資料反映的閩臺文化交流》一文中根據臺灣志書所作不完全統計，僅清康熙（臺灣永曆）年間，在臺灣任教的閩籍儒士就達20多人，籍貫遍及福建的十餘個地方府縣。

在雍正乾隆年間，閩籍學儒在臺灣書院執教、講學，促進了臺灣教育與學術創立。道光至光緒年間，臺灣書院已經進入穩定發展的時期，規制日

漸完善，許多福建名士名儒紛紛
跨海東渡臺灣擔任書院山長或主
講，進一步擴大了臺灣文化的影
響。呂世宜赴臺，就是在這一段
時期。

　　從臺灣引進閩籍教育與學術
人才的方式與途徑來看，主要有
官方聘用、親朋邀請和個人東渡
這三種。比如，在臺灣享受盛名
的主講海東書院的楊芳、任教於
士林芝山文昌祠的傅人偉，執教
於淡水鄉間私塾的施玨等，都是
東渡臺灣學人的代表。由上也可
見，福建對臺灣早期教育的影響

從官方到民間全面覆蓋，而不僅僅是在官方設立。
呂世宜赴臺是應板橋林氏家族的邀請，應歸為第二
種「親朋邀請」的情況。

　　第三，引進書籍與其他學術材料。臺灣學術書
籍比較匱乏，而福建是刻書文化比較發達的地區，
又因地利之便，從福建大量引進書籍成為臺灣教育
與文化發展之初的必然選擇。根據史料記載，當
臺灣缺乏書籍時，福建官方還會贈書以解其困，比
如，《臺灣省通志・教育志》文化事業篇中就記載
了道光六年，臺灣仰山書院書籍不足，當時的閩浙

總督從福州鼇峰書院緊急調撥四十六種書籍，運到仰山書院。此外，文人儒士東渡臺灣，私人攜帶書籍並留在臺灣的，應也不在少數。以上種種，都豐富了臺灣書院的藏書，擴大了臺灣書院文化的影響力。

　　在這個方面，呂世宜可謂展現了一個十分生動而具體的例子。呂世宜嗜好金石學，對收集鼎彝碑刻十分癡迷，在他東渡赴臺之後，帶去的收藏品以及在臺灣時期由林氏家族資助所收藏的學術資料，數量深鉅。在他結束臺灣的執教生涯回到廈門後，留在臺灣的這批資料，通過林氏家族又流散到臺灣民間市坊，打開了臺灣學子對金石學書法的愛好之風。

　　當時清末的文人渡臺，分為幾個時期，最開

始，臺灣書法圈對於大陸書法風格的隨從是出於實用目的的館閣體。館閣體對於科舉考試有實際用途，追求「顏面趙體」，十分嚴謹。後來，在以呂世宜為代表的金石書法進入臺灣的影響下，慢慢地，臺灣的金石書法也開始升溫、繁榮。

首先，呂世宜為代表的文人將金石收藏的習慣帶入臺灣，臺灣的書法界開始重視金石作品上書法文字的第一手研究，改變了過去研究拓片摹本等間接材料的方法。呂世宜改變了以過去臺灣書法全因循帖派的研究與書寫方法，拓展了臺灣文人對於隸書的理解的深度、擴大了他們的視野。

第二，在呂世宜等的影響下，臺灣本土書法家也開始思索新的書法之路，嘗試通過金石來啟迪自己的靈感，將金石審美納入自己的書法審美範疇。最後，在前面兩個階段的醞釀下，臺灣的金石書法慢慢形成自己的流派，這才標誌著金石這個風格在臺灣書法界的誕生。

當然，除了書法家的個人貢獻與努力之外，金石書法在臺灣能夠一步步壯大發展，也有其發展的必然原因。

一、是客觀上來說，當時的臺灣文化環境下，金石書法傳播和發展的環境已經具備——這個環境就是引領風氣的文人。首先是從大陸赴臺灣的文人

代表。與清前期相比，在呂世宜赴臺的時代，從大陸前往臺灣的學士名家已經越來越多，他們多是擔任官員或者教職，容易對臺灣的仕子產生影響。其次是臺灣本土的文人學者也越來越多。臺灣恢復科考，鄭用錫成為臺灣本土產生的首位進士之後，全臺共出了三十八位進士、三百二十位舉人以及無數秀才，給臺灣書法發展奠定了人的基礎。

　　二、是當時形成了特殊的以家族為中心的學術傳播圈子。比如，包括呂世宜在內的板橋三先生所在的板橋林家就是臺灣書法與文化的傳播中心。通過家族私塾為中心，包括呂世宜的金石書法等大陸地區的新的學術之風，慢慢吹向了整個臺灣島。

　　在呂世宜打開臺灣金石書法的大門後，沈葆楨和何紹基是繼續在臺灣發揚壯大的貢獻者。沈葆楨提升了臺灣碑派書法的審美領域，何紹基的碑體行草書則在臺灣書法界產生巨大影響。鄭鴻猷、黃彥鴻、陳蓁、吳子光、楊浚、鄭賠林、林占梅、林士傳這些臺灣本土書法家直接受到呂世宜金石書法的許多啟發，積極接續呂世宜的隸書風格，並且進行了創新發展。隨著金石書法在臺灣傳播開來，臺灣本土書法家中學習金石書法的人數越來越多，金石書法在臺灣書壇的影響力也日益提高。

第八章　結論

　　由以上可知，呂世宜在閩南與臺灣地區有所盛名，多部地方志書中均有記載，如清道光時期所編《廈門志》、民國版《廈門志》、清道光版《金門志》、新編《同安縣志》、民國《臺灣通史》等。在這些地方志書中，主要論及了呂世宜的簡要生平與學術、性格方面的特點。而同時代人對呂世宜的評價則集中於他不喜功名、自然灑脫的處世之道、嗜古成癖、專精考據但不泥古的治學之道上面。

　　呂世宜的號「西邨」，來自他的家鄉金門西村。西村呂姓則來自泉州。泉州呂姓始祖呂競茂諱占，為唐丞相呂諲後裔，十世呂之才開始遷徙到金門居住，選擇在金門西倉安家。金門西村的呂氏家廟存有呂世宜所寫對聯，其落款為：「二十八世孫呂世宜頓首敬書」，但是按照族譜排序，呂世宜並未按照呂氏宗譜取名。

　　呂世宜的家族中，從呂世宜祖母謝氏開始，到呂世宜父親仲詁，都以孝節聞名鄉間，被記載傳誦。其父呂仲詁的孝行被記錄得十分詳細，讀之感人至深。本書根據相關史料記載，整理出呂世宜家族從祖父輩開始的整體脈絡。

在學術啟蒙方面，王煇山是呂世宜的初受業之師，對呂世宜的影響主要在為人、為師的品格方面。呂世宜從他的身上學到了為人處世之理，如做人要端正莊嚴、心志氣度要宏大，德行從於文章，等等。周禮是呂世宜的啟蒙老師，他經、書、子、史無一不精，學識淵博，幫助呂世宜打下了紮實的學術基礎。

在科舉方面，呂世宜是清嘉慶戊辰（1808年）秀才，時年二十五歲，道光壬午（1822年）舉人，時年三十九歲，曾官至翰林院典簿銜，但在其自作墓誌銘中說是友人林君樞北為他捐，非本人的志向。

呂世宜一生以舌耕，主要在閩南與臺灣，曾在漳州芝山書院、金門浯江書院、廈門紫陽書院、廈門玉屏書院及臺灣大觀義學執教。除書院之外，還曾在私塾精舍教學。呂世宜性愛金石、工於考證、精通書法、篆隸尤佳，在閩南一帶著有盛名，並遠揚到臺灣。因與板橋林家相交及師周凱的影響，呂世宜赴臺教書，成為他人生中十分重要的經歷。

呂世宜在臺期間，廣為搜集金石，對於他的金石收藏和研究來說，臺灣是十分重要的時期。同時，呂世宜在臺灣結交名士，被譽為「四家」（如日本漢學家尾崎秀真認為台灣流寓名士文詩書畫四家應首推周凱、楊雪滄、呂世宜、謝琯樵）、「三

先生」之一，在臺灣桃李滿門。流寓臺灣的十一、
二年間，呂世宜傾其所學，並將金石學收藏留在臺
灣，對後世臺灣學習金石碑帖書法的風氣產生重大
影響。

　　呂世宜一生受到幾位如師如友的重要文士影
響：周凱、高澍然和郭尚先。周凱待呂世宜如師如
友，教其規矩詩文，還轉薦劉五山、高雨農等給呂
世宜相交。還遠赴臺灣教學。周凱的書法風格早年
也深深影響了呂世宜，對呂世宜赴臺也有一定的影
響。高澍然與呂世宜未見面時就以書信相交，前者
高度評價後者的古文和金石收藏，並且在這兩方面
給了後者許多指導。郭尚先與呂世宜的文字交情甚

篤，兩人都愛好收集金石，經常分享研讀碑帖的心得。

　　除了遇到名師，呂世宜在玉屏書院還有許多學術上的好友，比如郭望瑤、孫雲鴻、林樹梅、楊鳳來、林墨香、林硯香等。呂世宜與郭望瑤與孫雲鴻同為金石之交，交往很深，三人互相補充金石收藏的不足，惺惺相惜。林樹梅與呂世宜是同鄉，又是同學，倆人友誼堅固如金石，相互討論、品鑒、研究鐘鼎、碑碣、印章，並動手篆石。廈門林必瑞（硯香）、必煇（墨香），也是林樹梅與呂世宜之金石友。呂世宜與林硯香同為周凱的門人，林硯香與林默香兄弟和呂世宜一樣，熱愛金石學。林硯香收藏硯臺豐富，呂世宜撰寫隸書與篆書，林墨香工鐵筆，三人合作完成了《四十九石山房硯背初刻》，廣為美談。

　　呂世宜作品是本文研究的重點之一。筆者整理呂世宜書法作品發現散見於臺灣地區出版的圖錄、及研究呂世宜學者的文章、著作、包括大陸、臺灣及金門之碑文、楹聯、石刻、匾額等。並親自走訪整理了呂世宜的手書石刻、楹聯等。而本文還補錄了廈門圖書館所藏的作品，包括多份真跡與抄本、拓本，具有相當的研究價值。同時，更進一步補充近年拍賣市場所見的作品，再次補漏及豐富其藝文研究內容。

　　筆者對呂世宜的書法作品的研究，從隸書、篆

書法個方面進行。呂世宜受當時圍學術氛染，有隸書深與古意，其金石學研究是密不可分的。從呂世宜收藏的拓片和他的題跋作品來

書、行書以及書論四面進行。呂世宜受當時學術氛染所感，隸書深古意，

看，隸書是他研究最深的一種書法字體。當然，隸書也是他最擅長、也最有特色的一種字體。

　　從書法實踐上來看，呂世宜的隸書風格多得力於漢碑，以篆筆入隸，方勁古樸、渾厚和穆、鬱拔縱橫。呂世宜的篆書審美的基礎同樣是他在金石學上的收藏與研究，他的眾多碑刻、青銅、古器，為他的篆書書學研究和實踐提供了實物依據。從書法實踐看，呂世宜的篆書作品數量並不多，風格結字

工整、排列勻稱、筆藏中鋒。

呂世宜的行書比較少見，如廈門圖書館所藏的呂世宜行書帖，習的都是蘇東坡、黃庭堅一路書風，審美趣味傾向於清瘦勁健。呂世宜書學理論主要見於《愛吾廬題跋》後收錄的《愛吾廬論書》。《愛吾廬論書》雖十則才不到千字，但可與其書法創作相互印證，可加深對呂世宜書法風格和作品的理解。當然，對呂世宜書法風格的研究，不能離開其時代背景以及對他產生影響的幾位重要人物，如周凱、郭尚先、高澍然。

除了書法之外，呂世宜的金石學成就也十分突出，他的《四十九石山房刻石》和《自作墓記》都是代表作品。他的金石學思想可以用「崇古適性，重氣求險」來概括。他的金石學思想的形成，除了有社會因素以外，還有個人因素，是內因與外因的交互作用的結果。

呂世宜既是書法家，同時也是金石學學者，還是書法理論家，他將金石學研究成果應用與書法藝術的創作領域，並進一步將自己的創作經驗加以總結，完善為書法理論，又指導了後代書法家的創作實踐，其中金石學研究成果集中於《愛吾廬題跋》、《四十九石山房硯背初刻》、《四十九石山房刻石拓本》、《愛吾廬論書》與《愛吾廬文鈔》中的部分文章。

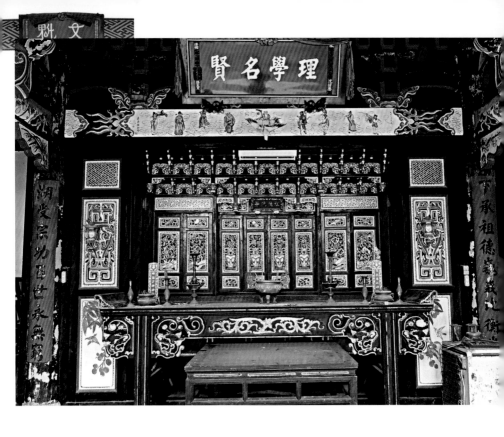

　　除了書法與金石學外，本書還歸納了呂世宜在
文學方面的其他成就。呂世宜有《古今文字通釋》
和《千字文通釋》兩部著作。另外則是編纂志書，
呂世宜曾參與修撰《廈門志》和《金門志》，這
兩部志書至今仍然是研究廈門、金門非常重要而不
可或缺的入門志書。此外，呂世宜還有《愛吾廬筆
記》、《愛吾廬文鈔》等作品。

　　此外，本書還結合具體作品，從古文這一方
面，介紹呂世宜在學術研究上的成果。同時筆者
對呂世宜的文學、書法、金石等各方面，也進行詳
細的研究說明。首先分析其古文的意涵與風格，指

出呂世宜雖然對時事也有敏銳觀察，但在文章中一般較少策論與政事的原因也加以陳述。其次分別重點分析其古文代表作《愛吾廬文鈔》、《愛吾廬筆記》，從中分析其古文文風與特色。

　　總體而言，呂世宜古文特色可以歸納為以文載道、用道經世濟民；內涵豐富、包羅上下古今；兼體顧面，策論筆調和日用常行、真情流露這四個方面的特點。

　　因此，呂世宜是臺灣金石學導師，對臺灣的金石學創立、對清中後期臺灣文人的書法風格都產生了重大影響。並且，從他身上，也可以小見大，看到清代至今的夏金臺三地閩臺文化傳播的特點。

　　最後，本書從整理研究、田野訪查，到編輯校勘，如今付梓發行於市，著實不易，倘文中有謬誤之處，尚請方家不吝指正，成發感激不盡。

附錄

呂世宜生平與作品年表

西元	清紀年	干支	歲數	生平、作品	相關的人與事
1779	乾隆四十四	己亥			九月十六日卯時，呂世宜師周凱出生。
1784	乾隆四十九	甲辰	一歲	呂世宜生於一七八四年六月二十二日午時，父呂仲詰、母黃孺人。	父呂仲詰，字謙六，隨其父呂國典自金門移居廈門，住鹽菜街（今鹽溪街九十八號），有子三，呂世宜為長子。 臺北板橋林家開臺祖林應寅由福建龍溪入臺，於今之新莊創辦，書塾授徒，其子林平侯後來臺探望其父，遂定居。呂世宜晚與板橋林家交誼深厚。 時師高澍然十一歲、師周凱六歲，周凱從叔父雲川先生讀。
1785	乾隆五十年	乙巳	二歲		友郭尚先出生。郭尚先，字元聞，又字蘭石，福建莆田人。嘉慶十四年進士，官大理寺卿。工書法，精鑒賞，著有《芳堅館題跋》、〈增默庵遺集〉。呂世宜曾拜郭氏為師，兩人亦師亦友，以文字交，情甚篤，郭尚先曾贈與《楊君孟文頌》拓本。
1788	乾隆五十三	戊申	五歲		師周凱年十歲，從表姊婿王默齋先生會圖讀。
1793	乾隆五十八	癸丑	十歲		師周凱從季階平夫子名泰亨讀，學為制藝小詩。
1794	乾隆五十九	甲寅	十一歲		師周凱與從弟恆入泮，學使者李雲門先生龔所取。

西元	清紀年	干支	歲數	生平、作品	相關的人與事
1795	乾隆六十	乙卯	十二歲		陳慶鏞出生。慶鏞，字乾翔，號頌南，福建晉江人，進士，官至御史。後回鄉辦團練有功。曾主講廈門紫陽書院。著有《籀經堂類稿》等。
1796	嘉慶元	丙辰	十三歲		師周凱從董馭山夫子鼇讀。
1797	嘉慶二	丁巳	十四歲	從敬堂周天子學古文法。《愛吾廬文鈔》自序：少從敬堂周夫子學聞有古文法未習也，自是溺於此八比二十餘載，壬辰間遊芸皋師之門傳以義法。	周禮，字世宗，一字敬堂，晉汀諸生。設教於廈門，遂定居。
1798	嘉慶三	戊午	十五歲		師周凱年二十。
1799	嘉慶四	己未	十六歲		師周凱年二十一，從杭城朱豈凡夫子傑習舉業。
1800	嘉慶五	庚申	十七歲		師周凱年二十二，鄉試薦而不售，房師為卜公桐高。
1801	嘉慶六	辛酉	十八歲		友蔡廷蘭出生。廷蘭，字香祖，號秋同，祖籍金門，由金門遷澎湖。 門人林國華出生。林國華，字樞北，臺北板橋人，林平侯之三子，板橋林家遷臺第三代。父林平侯，字向邦，一作安邦，號石潭，為林應寅長子。 師高澍然成舉人。 師周凱館於丁興忠巷丁氏，鄉試薦，師定公埥。
1804	嘉慶七	壬戌	十九歲		師周凱館於運司公廨吳宅。

西元	清紀年	干支	歲數	生平、作品	相關的人與事
1803	嘉慶八	癸亥	二十歲	《古今文字通釋》自序：二十讀書。	周凱學史，超出周師。
1805	嘉慶十	乙丑	二十二歲		師周凱二十七歲，辭吳氏館，與從弟恆及徐地山昆弟讀書於梵天寺，又與彥甫讀書於覺海山房，十月長女生。
1806	嘉慶十一	丙寅	二十三歲	跋丙甲鬲銘署：「丙寅正月九日記」。吳守禮在《呂世宜西邨先生研究資料 臺灣林本源家文物及資料合編》中分析說：「西村先生生於乾隆四十九年算起，第一個丙寅為嘉慶十一年，以西村先生自謂二十讀書，三十學隸推之，是年作此跋文嫌過早，而第二個丙寅則為同治五年，如西村尚在世，應是八十三歲，距有紀年之西村題跋文字之最後者，咸豐元年離十五年之久，難免有孤懸之感，但與《書法通論》（賴芳彬）所載呂世宜小傳所記，卒八十餘，則有所接近。」	
1807	嘉慶十二				師高澍然援例為內閣中書、攝侍讀，半年後因父卒，假歸不復仕。
1808	嘉慶十三	戊辰	二十五歲	根據《呂西村自作墓記》，是年考中秀才。	友林樹梅出生。樹梅，字實夫，號歔雲，又號瘦雲、鐵笛生，馬巷廳後浦村（今屬金門縣）人。周凱三十歲，鄉試中四十三名，座師為周蓮塘夫子兆、李竹醉夫子振翥、房師易浯岡夫子鳳庭，十二月，偕陳扶雅計偕北上。

西元	清紀年	干支	歲數	生平、作品	相關的人與事
1809	嘉慶十四	己巳	二十六歲		師周凱年三十一，寓董相國師第，會試落第。
1811	嘉慶十六	辛未	二十八歲	《愛吾廬文鈔》記載：壬辰自浯江歸，讀潛東所放翁詩，逐段分句，有條不紊，不辭見獵心喜，文所從來，則得力于杜詩仇注者多。 冬，與友潛東同筆硯，始學詩，閱讀《讀杜心解》。	師周凱年三十三，闈後移寓溝沿上陳晴巖夫子傳經寓所。中朱王林榜二百三十六名，改名凱。
1812	嘉慶十七	壬申	二十九歲	返金門探親歸。 撰《讀選詩自序》。	師周凱年三十四。謁易浯岡師於德清縣署，與扶雅謁文遠皋師於江陰學署，復遊乍浦，遇廖邵庵雲錦而歸，娶側室閏氏。
1813	嘉慶十八	癸酉	三十歲	《呂西村自作墓記》載：三十學隸。 《古今文字通釋》自序也論及：二十讀書，三十學隸，四十學篆。	友郭尚先授編修。 師周凱年三十五，主剡山講席。
1814	嘉慶十九	甲戌	三十一歲		師周凱年三十六，授編修。
1816	嘉慶二十一	丙子	三十三歲	喪父。 根據《愛吾廬文鈔》：「嘉慶二十五年九月壬戌族兄友毅卒，丙子之春我事賓士先考寢疾，兄為延醫。先考易簀，兄撫其屍。我居苫塊，兄日趨帷。」 另見陳慶鏞撰《呂孝子傳》記載：「孝子諱仲誥，字謙留，浯江里人也…卒年六十有五，子三，長世宜，道光壬午科舉人，翰林院典簿銜（從八品）。」	

西元	清紀年	干支	歲數	生平、作品	相關的人與事
1818	嘉慶二十三	戊寅	三十五歲		林維讓出生。維讓，字巽甫，林國華之長子，板橋林家第四代。 師周凱年四十，二月十六日，服闋，廣鹺使泰延閱書院卷，箚都轉隆阿聘閱試卷，六月到京供職，補國史館纂修。
1819	嘉慶二十四	己卯	三十六歲		師周凱年四十一，八月充順天鄉試同考官。
1820	嘉慶二十五	庚辰	三十七歲	獲《大觀帖》。根據《愛吾廬題跋》及《愛吾廬文鈔》收錄所撰族兄友毅哀詞。	林國芳出生。國芳，字小潭，林平侯之三子，林國華之弟，欽賜舉人。
1821	道光元	辛巳	三十八歲		根據詩作《太武山十八詠》，此年林樹梅讀書金門，常遊太武山。 周凱年四十三，六月署國史館提調，九月充恩科順天鄉試同考官。
1822	道光二	壬午	三十九歲	鄉試中式舉人第五十一名。	五月，林樹梅父林廷福署南澳左營遊擊，樹梅隨父客居南粵。 周凱年四十四，以編修奉特旨召見乾清宮，四月以保列京察，復蒙召見於乾清宮，六月奉旨補授湖北武昌府，調補遭缺，請訓乾清宮，九月奉旨襄陽府知府員缺。
1823	道光三	癸未	四十歲	學篆書。根據《古今文字通釋》自序：二十讀書、三十學隸、四十學篆。 為王輝山夫子作墓誌銘，根據《愛吾廬文鈔》所收錄。 為李明心作《百齡壽言》。	王瓊林，字玉侖，號輝山，廈門靖山頭人，嘉慶二十三年舉人。教授門里，多成名者。 李明心，字鏡涵，貴州興義人，清乾隆三十年舉人，嘉慶二年任臺灣府淡水撫民同知。七十歲告老還鄉。歷官四朝，年滿百歲後逝世。

西元	清紀年	干支	歲數	生平、作品	相關的人與事
1824	道光四	甲申	四十一歲		八月四日，林樹梅隨父林廷福赴臺灣水師副總兵官任，從廈門登船，出大擔嶼，過金門、澎湖。六日，抵臺灣安平鎮。 周凱年四十五抵湖北接印襄陽府任事。
1825	道光五	乙酉	四十二歲		林樹梅結識秀才蔡廷蘭，以詩相贈。
1826	道光六	丙戌	四十三歲	撰黃母林孺人墓誌銘，根據《愛吾廬文鈔》。 按吳守禮先生分析，此年呂世宜人在都門（北京），按照呂世宜跋北海雲麾將軍殘碑曰：此碑丙戌得自都門，又有林朗庵曰：先生（指西村）跋甞垣本華山廟碑曰丙戌觀於都門。	林樹梅作《渡臺灣記》，復賦《渡臺紀事》一首。 周凱年四十八，卸襄陽府事，調補漢黃德道。
1828	道光八	戊子	四十五歲	作《臨褒斜道刻石》隸書扇面，落款：戊子四月書為青雲四兄正，西邨呂世宜。	據陳慶鏞《籀經堂類稿》記載，陳慶鏞於此年至廈門訪西村。又見陳慶鏞題呂世宜《髯可我我圖》跋尾。

西元	清紀年	干支	歲數	生平、作品	相關的人與事
1829	道光九	己丑	四十六歲	根據《愛吾廬文鈔》攗祝枝山千文跋（署道光己丑五月觀井識）。 根據《書與林硯香昆仲》拓本，呂世宜與林硯香、林墨香結識，並為之書金石文字四十九石。 刊《四十九石山房研背初刻》拓本，周凱師為其作序。 作《四十九石山房研背初刻》隸書、《西林巨石研銘》隸書、《使人之意也消》隸書、《臨〈秦蜀守李冰匽宮碑〉》隸書、《臨〈尊楗閣碑〉》隸書、《臨〈郫五官碑〉》隸書、《女有大量研銘》隸書、《硯香藏硯銘》隸書、《跋四十九石山房硯背初刻》行楷、《道光九年雖在己丑十月造》隸書。 十一月，從遊學生陳官書歿，為其撰《陳生從周墓誌》。	師周凱《四十九石山房研背初刻》拓本所作序：故人郭望瑤歿，其所收鼎敦盤匜諸銘及錢刀各拓本皆歸呂世宜。呂世宜以其副本裝潢成帙贈友孫雲鴻。雲鴻，字遠達，一字儀國。先祖由龍溪遷廈門，以祖蔭襲騎都尉，官至蘇松鎮總兵官。趣好相同，二十餘年如一日：以篆隸為林必瑞、林必煇兄弟銘題、摹寫所藏石硯，由林必煇上石刻之，共計四十九石，因而名「四十九石山房」于林氏兄弟之西林別墅。林必瑞，字硯香，又字輯如，嘉禾里關仔內人。癖好書畫硯印，收藏古硯甚多。其弟林必煇，字墨香，又字輯之。工刻石，癖與其同。林氏兄弟因酷愛呂世宜之篆隸書法，與其相交相識甚深。 陳官書，字從周，祖籍龍溪縣石碼，居廈門。年二十歲師於呂世宜。 林樹梅之父任閩安副將，樹梅侍。 高澍然受總督孫爾準之聘，在福州修《福建通志》。

西元	清紀年	干支	歲數	生平、作品	相關的人與事
1830	道光十	庚寅	四十七歲	據《愛吾廬題跋》，七月撰仲駒父郭銘跋。	六月，師周凱奉旨授福建興泉永道。十一月，至廈門接印。 林樹梅喪父。
1831	道光十一	辛卯	四十八歲	官至庶吉士，未散館，請告歸。後加京官翰林院典簿銜，乃友人林國華為之請。《自作墓記》自稱「非其志也」。 《四十九石山房研背初刻》拓本刊行，周凱墨書作序。 作《許慎說文解字序》隸書。 落款：辛卯晨至午後五日書。	師周凱年五十三，仲春為海風所吹，臥病月餘，四月至泉州，鞫謝訓導家盜案，返繪「武當紀遊」二十四圖。
1832	道光十二	壬辰	四十九歲	根據《愛吾廬文鈔》自序，游芸皋夫子之門。 周凱主修《廈門志》成書，呂世宜任參與編纂，任總校。 館於廈門綠蔭精舍。門生薛紹庭將從學，囑友胥鶴巢為之薦介，故有「未識紹庭先識紹庭友鶴巢」之說。 遊覽廈門南普陀，刻石記遊：「大清道光十有二年，歲次壬辰黍月五日己酉，富陽周凱、侯官楊慶琛、龍溪孫雲鴻、同安呂世宜、海澄葉化成同遊。呂世宜隸石。」 撰王輝山夫子墓志銘、黃府君廉明墓志銘（《愛吾廬文鈔》載）。 五月重裝散氏盤銘。 八月上旬撰且庚卣銘跋。 八月撰《母辛觚銘跋》。 十月晦日撰《五瑞圖西狹頌跋》。 十二月小除夕撰《董思白楷書伯夷列傳跋》。 臨《郭公廟碑》六屏，落款：壬辰十一月 縮臨、節臨古金石碑文共四十七篇，集成《四十九石山房刻石》，周凱、趙在田、楊慶琛、孫雲鴻、葉化成、梁章鉅等諸家為之題跋。	二月，周凱奉檄赴澎湖撫風災。三月回廈門。著有《澎海紀行詩》二卷。 楊慶琛，原名際春，字遷元，號雪椒，侯官縣人，清嘉慶九年舉人，嘉慶二十五年始成進士，官山東布政使。是年受周凱之聘，主玉屏書院講席，獲交呂世宜。葉化成，字東谷，祖籍福建海澄，住廈門靖山下，同遊周凱門下。 友郭尚先卒，年四十八歲。 友陳慶鏞成進士。 友林樹梅訪得明魯王朱以海墓，加封植，並賦詩哭之，又作《前明魯王墓圖記》，周凱撰《明監國魯王墓考》，西村則撰墓碑陰。

西元	清紀年	干支	歲數	生平、作品	相關的人與事
1833	道光十三	癸巳	五十歲	根據《愛吾廬題跋》二月花朝撰秦琅邪臺刻石跋。 代周凱擬《惠安縣志序》。 擬《上高雨農先生書》，附舊作一卷乞請批點。後高澍然覆書賜教，呂世宜故稱：「是世宜未見先生時，已受知先生也。」	師周凱奉程制軍調，兼任臺灣兵備道，赴臺處理張丙之亂善後事宜。七月七日任事，十月二十日卸事，十二月抵廈門，任興泉永道事，即赴省面陳事宜，年終乃返。
1834	道光十四	甲午	五十一歲	喪母。根據廈門圖書館藏周凱撰《呂母黃孺人墓誌銘》拓片及周凱《內自訟齋文集》卷八。 庶母卒，根據《愛吾廬文鈔》《上五山先生書》。 據《愛吾廬題跋》，八月撰端州石室記跋。落款：甲午八月廿七日西邨記。	高澍然任《福建通志》總纂。

西元	清紀年	干支	歲數	生平、作品	相關的人與事
1835	道光十五	乙未	五十二歲	據《愛吾廬文鈔》，撰《書明監國魯王墓碑兩側並陰》，署道光十五年嘉禾里人呂世宜記。 根據《愛吾廬題跋》收錄《普照寺題跋》，是年承劉五山先生所出示沂州普照寺碑。 據《愛吾廬文鈔》收錄《從遊白鹿洞記》，是年在廈門接待高澍然：「乙未夏，先生來廈門，夫子以師禮之，招遊無盡、稜層二巖，世宜與先生作遊記，其大旨謂夫子，以古文提倡後學，義高辭美，為島中剙，世宜錄而藏之。」 根據《林墨香小傳》，是年秋，周凱訪林必煇墨香、必瑞硯香昆仲四十九石山房西村館焉。 根據《愛吾廬文鈔》撰《上五山先生書》。 是年主講廈門芝山書院。根據周凱《自訟齋文集》卷八：道光乙未，龍溪李鳳岡先生過廈門，時西村主講芝山書院。 主講浯江書院。根據《愛吾廬文鈔》收錄《鶴巢吟序》：「胥鶴巢薛生，紹庭友也，壬辰之歲，余館於廈門綠陰精舍，邵庭將從余學，囑鶴巢為之介，余於是未識邵庭先識邵庭友鶴巢也。自邵庭歸，與鶴巢不相接者三四年，今余主講浯江。」 書《漢張遷表》，落款：漢張遷表乙未中龝節西邨呂世宜。	擬《上五山先生書》劉五山，名儀，字翰傲，號五山，江蘇武進人，嘉慶舉人，知長興縣。著有《五山文稿》。與呂世宜有文字之交，相示《沂州普照寺碑》，呂世宜為之題跋。 友葉化成中舉人。 周凱倡修廈門玉屏書院，延高澍然主講。

西元	清紀年	干支	歲數	生平、作品	相關的人與事
1835	道光十五	乙未	五十二歲	書《魏東武侯王基碑》，落款：尚機二兄囑西邨呂世宜。 書《魯公家廟碑》，落款：魯公家廟碑呂世宜。 書《元康鑨鬥銘》，落款：右元康鑨鬥銘芝山書院對兩臨此時乙未六月二十八日。 書《讀於無字處、文到有神時》，落款：靜甫十二兄正，西邨呂世宜。 書《戒壇院文與可畫墨竹贊》，落款：乙未五月西邨呂世宜。 道光十五年秋，蔡廷蘭赴省試報罷，由廈渡澎，遭風飄至越南。次年初夏，由陸返閩。因成《海南雜著》三篇，記其見聞。	
1836	道光十六	丙申	五十三歲	周凱纂修《廈門志》，參與分輯。 根據《愛吾廬文鈔》收錄《從遊白鹿洞記》，五月，高澍然由福州至廈門，周凱以師禮禮之。其時，呂世宜、莊中正、林焜熿、林鶚騰及好學之士皆居於書院，以師禮待之。六月八日，周凱命呂世宜招諸生十二人陪高澍然從遊白鹿洞。撰《從遊白鹿洞記》。 六月十五日，設酒於玉屏書院崇德堂侍宴高澍然，周凱上而左座，諸生以次侍座。作《崇德堂夜宴記》以紀。西村曰，先生未至，夫子謂世宜曰，先生將以某日至，汝理院中事其戒備以俟使人，迨諸境至，則率諸生拜於院。 據《愛吾廬文鈔》，撰凌君宏度傳。	凌宏度，即凌棟，祖籍安溪縣永安里，隨父郁星君居廈門。精岐黃術，好仁喜施，為廈門名醫。其次子凌翰，嘉慶二十三年舉人。 八月，周凱卸興泉永道。九月，赴臺署臺灣道。 友林焜熿編《金門志》初稿完成。林焜熿，字遜輝，馬巷廳金門人，歲貢生。居廈門，問業於周凱，從周凱分纂《廈門志》。而後自任採訪，並搜討志籍，撰《金門志》，閱時二年。 友孫雲鴻署金門左營遊擊，擢參將。 春，友林樹梅歸金門，秋，應臺灣鳳山縣令曹謹之召，赴臺佐幕事。十二月六日，由泉州蚶江登船赴臺灣。除夕，從曹謹抵臺灣，由番仔窪上岸。

340

西元	清紀年	干支	歲數	生平、作品	相關的人與事
1837	道光十七	丁酉	五十四歲	撰《祭芸皋夫子文》、《公祭芸皋先生文》。 據《愛吾廬文鈔》收錄《林墨香小傳》，是年十一月見劉燕庭。時劉喜海觀察以汀州牧權興泉道事，世宜以部民禮見。「道光丁酉年十一月，燕庭觀察以汀州權興泉永道，世宜以部民禮之。」、「冬，燕庭劉公以汀州牧假興泉永道篆。」 據《愛吾廬題跋》收錄《魏受禪表跋》是年臘月，觀劉燕庭先生所得《長垣真本華山廟碑》。蠟節臨摹《長垣真本華山廟碑》，落款：道光丁酉蠟節同安呂世宜敬觀並志。 跋《長垣真本華山廟碑》拓片，落款：丁酉蠟節臨長垣真本，西邨自記。 撰比干墓碑跋。 除夕撰五瑞圖西狹頌跋之一段 撰趙松雪四體千文跋。 撰公祭芸皋先生文。 撰祭芸皋夫子文。	師周凱卒於官，年五十九。 正月十二日，林樹梅過臺灣縣界，入臺灣府城謁周凱師。
1838	道光十八	戊戌	五十五歲	根據《愛吾廬文鈔》收錄《陪燕庭劉觀察遊白鹿洞、虎溪二岩記》：正月三日，與林必瑞、林必輝兄弟陪劉喜海觀察及友人張開福等遊白鹿洞、虎溪，撰《陪燕庭劉觀察遊白鹿洞虎溪二岩記》。張開福作飛白贈世宜。「正月三日觀察與友人吳菽堂、張石匏遊白鹿洞、虎溪。先期折柬招世宜與林硯香、墨香兄弟，世宜不敢辭，於是為之先導。」 四月，撰《魏受禪表跋》首記、又記、三記、四記。 林必輝卒。撰《林墨香小傳》。 十月，代廈防同知盧鳳琴撰〈廈門志〉之序。	張開福，字質民，號石匏，晚號太華歸雲叟，浙江海鹽人，篆刻家。 五月，林樹梅為友林必瑞寄畫賦《答家硯香上舍寄畫竹》詩。八月，林樹梅隨金門鎮戰船內渡，遇颶風，回府城，再渡，九月抵東山島，後由陸路經雲霄、盤陀嶺至漳浦，抵海澄，渡海至廈門，乘小舟歸金門。

西元	清紀年	干支	歲數	生平、作品	相關的人與事
1839	道光十九	己亥	五十六歲	燈節日撰《李北海雲麾將軍殘碑跋》、中旬撰《癭府君夫人碑跋》。 呂世宜任總校，任周凱主編《廈門志》。	
1840	道光二十	庚子	五十七歲	呂世宜撰《張遷表跋》曰：此刻庚子春，得自都門。 撰《延光殘碑跋》，署「辛丑除夕前三日識。」 撰《漢臨虞宮銅鐙跋》一篇，前半署「辛丑除夕日記。」	師周凱《內自訟齋文集》刊行，呂世宜列參訂門人名單。門人林維源出生。林維源，字時甫，號冏卿，林國華之三子。少時與兄林維讓到廈門就學，後師從呂世宜。清光緒五年為呂世宜刊刻《古今文字通釋》、《愛吾廬題跋》。 林樹梅二月自邵武人光澤，侍高澍然師，四月，高澍然為其《歡雲文鈔初編》作序。
1841	道光二十一	辛丑	五十八歲	與同年友陳慶鏞相偕進京，盤桓御史官邸之「實事求是齋」。 完成《四十九石山房刻石》，上石篆刻作《千字文》，落款：辛丑初夏書，為適意興到作隸，西邨呂世宜。 撰《延光殘碑跋》，撰《漢臨虞宮銅鐙跋》前半。 自畫小照《髯可我我圖》，請陳慶鏞題贊。 呂世宜作《紀遊擊張公死事略》以記英軍再攻廈門。 約於是年東渡入臺。	高澍然卒，年六十八歲，著有《抑快軒文集》。 閏三月，總督顏伯燾等以援例，授樹梅布政司經歷之職，又欲會疏薦改武職，以母老辭。 七月九日，英軍再攻廈門。中軍參將陳勝元、金門鎮總兵官江繼芸等率兵抵抗入侵英軍。七月十日，後營把總楊肇基、左營把總紀國慶、前營把總李肇明、後營遊擊張然等奮勇抗敵，力戰而死。張然，道光二十年六月任閩安左營都司，次年擢為水師後營遊擊。 七月十日，英艦乘上風進攻廈門，守軍英勇抗擊，不敵，林樹梅進言宜集兵勇戮力恢復，不聽。後作《從軍紀略》記之。

西元	清紀年	干支	歲數	生平、作品	相關的人與事
1842	道光二十二	壬寅	五十九歲	撰《父乙觶銘跋》，署「壬寅人日題於寄所寄齋。」撰《百漢碑研齋縮本魏君碑跋》，署「壬寅二月十三日。」撰《漢臨虞宮銅鐙跋》，後半署「壬寅三月九日記。」撰《西漢古鏡記》，署「道光壬寅年十月二十三日記。」《西漢古鏡記》拓片，落款：道光壬辰十月二十三日西村呂世宜記。	西漢古鏡鑄於漢元朔五年，輾轉入呂世宜所藏，曾以拓本寄北京徵詩，留墨頗眾。
1843	道光二十三	癸卯	六十歲	十月，在廈門會晤同門生蔡廷蘭，為其玉照「遊越南英像」題「風塵萬里客，天地一詩人」。撰《皇甫誕碑跋》，署「道光癸卯九月晦日。」《漢孔彪碑》拓片，落款：癸卯閏七月三日書。書金門瓊林蔡氏十一世宗祠，內容：科甲慶蟬聯，贊治宣尤，祖若孫兩朝名宦。浙黔揚駿烈，明刑典試，附而子繼世文宗。作《蔡延蘭畫像》贊，贊曰：「此張亨甫孝廉題，香祖先生海南雜著舊句也。先生擱一卷書、佩三尺劍、走萬里洋、行半天下，嶺岨備嘗，壯心不已，昂藏丈夫也。癸卯小春鷺門接晤，適出玉照見示宜，會倉促間，不及選句，即書此二語以應臺命，于卷中人或可得其形似也。西邨弟呂世宜書並識。」	
1844	道光二十四	甲辰	六十一歲	根據陳慶鏞《籀經堂類稿》記載，西村《愛吾廬筆記》、《愛吾廬文鈔》二書皆成於六十歲以前。「凡學之患者于不能入，尤其於不能出。西邨治經以先聲音訓詁，其一辭一字，古注有異同者，必明辨而縷分之，崖略已見於筆記中。年邁六十而聰強慎密不憊。」作《記篆刻》，落款：甲辰秋九月二十四日西邨記。	林平侯卒，年七十九歲。同門蔡廷蘭中進士，開澎湖第一進士。以知縣即用，分發江西。林樹梅《歗雲文鈔初編》刊刻，呂世宜為其題寫書名。

西元	清紀年	干支	歲數	生平、作品	相關的人與事
1845	道光二十五	乙巳	六十二歲	撰《孫過庭書譜跋》，署「乙巳七月十一日記。」 撰《大觀帖跋》，前半署「乙巳九月既望識于以古為鑒之齋。」 撰《石門銘跋》，署「乙巳蠟節燈下記。」「後半署」同日又記。」 書《西漢史遊急就草》，落款：歲在乙巳秋日，西邨呂世宜。	友林必瑞卒，年四十五歲。
1846	道光二十六	丙午	六十三歲	撰《大觀帖跋》，後半署「丙午七月十八日齋中對雨勘記。」 十一月，跋原大觀山房葉中書藏未斷本《聖教序》，即以贈林國華樞北，內容：聖教序以未斷本為貴，昔人求之如恐弗獲，迄今更為難得，此卷本大關山房葉中書書文馥藏物，故有蘭谷印，卷首晉右軍「晉」字、末文林郎「文」字皆具，其為萬曆乙卯以前本無疑，家故有一本，遂以此本贈北樞先生，先生必能辨之。落款：道光丙午十一月，呂世宜記。 十一月于汲古書屋題《石潭先生七十有九小像》及《樞北先生四十有四小像》，落款：丙午十一月西邨弟呂世宜題于汲古書屋。 書《瘞鶴銘中與頌》，落款：丙子臘月，王香洲用瘞鶴銘中與頌戲作右行西邨記。 題《林右石潭畫像》，內容：石潭先生七十有九小像。	葉化成跋呂世宜《臨兩嶽華山廟原碑》。葉化成因周凱之薦，任板橋林家西席，與呂世宜、謝穎蘇並稱「三先生」。謝穎蘇，字琯樵，號懶樵、懶雲山人、北溪漁隱，福建詔安縣人。受板橋林國華之聘，到板橋大觀義學講學，對臺灣畫界影響很深。時呂世宜寓居海澄錦里（今廈門海滄區錦里村），林樹梅赴海澄訪之。
1847	道光二十七	丁未	六十四歲	五月五日撰《周孝侯碑跋》 臨《楊君孟文頌卷》，落款：丁未小除夕呂世宜書。 拓片《積古齋鐘鼎彝器款識》	

西元	清紀年	干支	歲數	生平、作品	相關的人與事
1848	道光二十八	戊申	六十五歲	《愛吾廬筆記》刊刻，陳慶鏞為之作序，莊中正題「書後」，林樹梅撰跋。 書《書法四聯屏》	
1849	道光二十九	己酉	六十六歲	書《節錄焦氏易林》，落款：乙酉閏月呂世宜補書。	友林樹梅赴福州探望舊疾復發的林則徐，則徐密詢海防之策。有詩唱和。 陳慶鏞為林樹梅《歡雲叢記》作跋。
1850	道光三十	庚戌	六十七歲	根據《愛吾廬題跋》，六月三十日為小五山兄作《大隸千文》 撰《文山先生琴背跋》 書《海為龍支界、天使鶴家鄉》，落款：此前明史閣部所書檻帖句，少穆先生持贈歡雲者，歡雲先生督師粵西，暫假歸里，出以相屬於生，以隸塵重書之時。道光庚戌初冬西邨呂世宜識。 金門西村呂氏宗祠為呂世宜之父呂仲誥進「孝子」匾。呂世宜於祖龕兩側題隸書金門西邨呂氏宗祠聯，內容：日邁月征永念所生無忝、嘉栗旨酒常思用享惟馨。 跋《文文山琴拓本》，文山先生琴。吾聞洪氏家藏，有巡撫某以千金購之，洪不可。梁九山先生因拓以入都，一時鉅公如吳穀人輩咸有題詠。之名大著，搨者遂有贗本，則儀國此紙向其內兄林壽夫來也。一以贈東穀，一以贈余。東穀屬余志之為書，其端末如此。道光三十年十月西邨呂世宜記。	友陳慶鏞為呂世宜父呂仲誥撰《呂孝子傳》。 友林樹梅隨行林則徐至泉州。

西元	清紀年	干支	歲數	生平、作品	相關的人與事
1851	咸豐元	辛亥	六十八歲	正月，撰《淳化帖》（正月人日）。 撰《麓山寺碑跋首段》（正月八日）。 撰《自書千文跋》（正月九日） 撰《鍾太傅薦季直表跋》（正月廿六日）。 撰《麓山寺碑跋第二段》（二月四日）。 撰《家藏九成宮碑跋》、《李衛公獻西嶽書跋》（二月三日） 根據《愛吾廬文鈔》，七月撰《苔岑小亭記跋》。 撰《仿漢雙魚洗跋》，署「辛亥年」。 臨《漢史晨奏銘》，落款：漢史晨奏銘咸豐元年十月西邨呂世宜臨。 臨《石鼓文》，落款崎陽石鼓第六，咸豐辛亥良月臨于汲古書屋，西邨世宜。 書《秦權和陶陵鼎延光壺銘》 書《王羲之》尺牘。 銘《天成硯》，落款：咸豐元年十月朔種花道人為石香銘。 銘《愛吾廬考較金石硯》，鈐印：西邨筆隸硯。	十一月，張熙宇由粵西南寧府調任興泉永道。偵捕小刀會會首陳慶真，杖斃。後奉調甘肅，廈民為立去思碑，由呂世宜撰《張公去思碑》。張熙宇，字玉田，四川峨眉人，道光十三年進士，官安徽按察使。 友林樹梅積鬱成疾，卒。臨終口占：「深負平生國士志，鹽車老駕欲何之？歸來化作孤山鶴，猶守梅花影一枝。」擲筆而逝。
1852	咸豐二	壬子	六十九歲	書《節錄晉太公呂望表》，落款：咸豐二年肇秋書，西邨呂世宜。 書板橋林家花園廊壁。	
1853	咸豐三	癸丑	七十歲	完成《古今文字通釋》十四卷，自序署「咸豐三年，歲在癸丑十一月十五日，西邨呂世宜敍。」稿成後手授門人林維讓、林維源受而藏之。越二十餘年，林維讓卒，林維源檢籠得之，重理校刊。 　離臺返廈門。 　十一月，為金門西村呂氏宗祠木質香爐篆書刻「呂氏家廟」。	

西元	清紀年	干支	歲數	生平、作品	相關的人與事
1854	咸豐四	甲寅	七十一歲	遊廈門南普陀，石刻誌之：「咸豐四年正月重遊感書，七十一叟呂世宜記」。 書《西嶽華山廟碑》，內容：延熹四年七月甲子，弘農大守安國亭侯汝南袁逢，掌華嶽之主位，應古制修廢起頓，閔其若茲，深達和民事神之義，精通誠至衯祭之福，乃案經傳所載，原本所由，銘勒斯石，垂之於後。落款：咸豐四年歲次甲寅五月西邨呂世宜。 書米芾尺牘，內容：芾頓首再拜。右史舍人老兄閣下。蒙手翰，既尚方珍體，拜嘉增幸。來日當引九日拜臨顧之辱，並敘謝意。謹奉啟，不能罄所言。芾頓首再拜。希聖舍人親家臺坐。芾頓首再啟。行日伏蒙尊造枉駕水次，不遑迎謁，內積悚恐悚恐！不審尊兄資政，何日到闕，欲拜狀也。芾疏繆，正陶德門，每賜誨督，使逃罪戾，至幸至幸。芾頓首再拜。芾頓首再拜。運副奉議明公節下。去陳閩使節至許，至建雄鎮專介上狀，久之回去至汝邐臺，阻一披晤，此情悵然。故再奉啟並前狀上納。霜深冷，恭惟尊體動止萬福。區區已具右狀中者，不重述。不宣。芾頓首再拜。運副奉議明公節下。十一日狀。落款：右臨南宮尺牘，應吉甫世長兄雅屬，時咸豐四年三月十三日七十一叟世宜。	

西元	清紀年	干支	歲數	生平、作品	相關的人與事
1854	咸豐四	甲寅	七十一歲	作《呂世宜自作墓記》，內容：呂世宜西邨，名世宜，號不翁，廈門呂孝子謙六公之元子。嘉慶戊辰秀才，道光壬午舉人，其加京官翰林院典簿銜，乃友人林君樞北為之請，非其志也。性戇直，不苟同于人，尤不顧人之是非。人曰然，翁或以為不然；人曰可，翁獨以為不可，故號曰不翁也。孝子公之歿也，翁益貧，以舌畊，而嗜古如饑渴者之於飲食。遇古圖書、古彝器、金石刻、奇書妙畫、名研名印，必拮据致之。積四十載，凡得書若干，藏器若干。樞北君弟小山愛之，贈以二千金。人為翁喜，翁曰：子謂我幸而得之，我蓋不幸而失之，我半生有用精神，盡銷磨於此也。人又以為翁愚。翁年四十以隸名於時，其始，人亦非笑之，翁弗聞，嘗自言：所刻小字《四十九石山房帖》、大字《先君孝子碑》、《張公玉田去思碑》，具得漢人意，必傳無疑。其自以為是也如此。閱所習舉子業，輒不滿，曰不異人意，毀之。刻文鈔六十餘篇，筆記三卷貽人。人無有寓目者，翁哂曰：是真不可時施也耶。其不自知其非也又如此。病且篤，猶曰以所著《古今文字通釋》十四卷、《歷代碑帖題跋》一卷、《千字文通釋》四卷未刻，囑其友誠甫與其徒守謙，語刺刺不能休。翁殆九死而未悔者歟？翁作斯記，為咸豐四年五月十五日，年七十一矣，後莫知所終。	
1855	咸豐五	乙卯	七十二歲	五月初一辰時，卒。越七日，葬廈門大崆山二十六間舊穴。內寅申艮坤，丙寅丙戌分金，外艮坤寅申，並以《呂西村自作墓記》硯陪葬。	

國家圖書館出版品預行編目資料

金門名士呂世宜藝文研究 / 呂成發作. -- 初版. -- 臺北市：
蘭臺出版：博客思發行, 2017.08 面；公分
ISBN 978-986-5633-61-5 (精裝)
1.(清)呂世宜 2.傳記
782.877   106007895

人文小品系列　9

金門名士呂世宜藝文研究

補助單位：金門縣政府文化局
地　　址：893 金門縣金城鎮環島北路66號
電　　話：(082)323-169
傳　　真：(082)320-431
網　　址：www.kmccc.edu.tw
作　　者：呂成發
指導顧問：鍾彩鈞　吳耀庭
法律顧問：吳奎新
主　　編：黃　義
出 版 者：蘭臺出版社
發　　行：博客思出版事業網
地　　址：台北市中正區重慶南路一段121號8樓之14
電　　話：(02)2331-1675或(02)2331-1691　傳　真：(02)2382-6225
E - MAIL：books5w@yahoo.com.tw 或 books5w@gmail.com
網路書店：http：//bookstv.com.tw/、
　　　　　http：//store.pchome.com.tw/yesbooks/
　　　　　http：//www.5w.com.tw/、三民書局
總 經 銷：聯合發行股份有限公司
劃撥戶名：蘭臺出版社　　　　帳　號：18995335
網路書店：博客來網路書店 http：//www.books.com.tw
香港代理：香港聯合零售有限公司
地　　址：香港新界大蒲汀麗路36號中華商務印刷大樓
　　　　　C&C Building，36，Ting，Lai，Road，Tai，Po，New，Territories
電　　話：(852)2150-2100　　傳　真：(852)2356-0735
總 經 銷：廈門外圖集團有限公司
地　　址：廈門市湖里區悅華路8號4樓
電　　話：86-592-2230177　　傳　真：86-592-5365089
出版日期：2017年8月 初版　　定　價：新臺幣500元整

ＩＳＢＮ：978-986-5633-61-5　　　　版權所有‧翻印必究